AF200800

Tucholsky Wagner Zola Scott Sydow Freud Schlegel
Turgenev Wallace Fonatne
Twain Walther von der Vogelweide Fouqué Friedrich II. von Preußen
Weber Freiligrath Frey
Kant Ernst
Fechner Fichte Weiße Rose von Fallersleben Richthofen Frommel
Hölderlin
Engels Fielding Eichendorff Tacitus Dumas
Fehrs Faber Flaubert
Eliasberg Ebner Eschenbach
Feuerbach Maximilian I. von Habsburg Fock Eliot Zweig
Ewald Vergil
Goethe Elisabeth von Österreich London
Mendelssohn Balzac Shakespeare Dostojewski Ganghofer
Lichtenberg Rathenau Doyle Gjellerup
Trackl Stevenson Hambruch
Mommsen Tolstoi Lenz Hanrieder Droste-Hülshoff
Thoma von Arnim Hägele Hauff Humboldt
Dach Verne
Karrillon Reuter Rousseau Hagen Hauptmann Gautier
Garschin
Defoe Baudelaire
Damaschke Hebbel
Descartes Hegel Kussmaul Herder
Wolfram von Eschenbach Schopenhauer
Darwin Dickens Rilke George
Bronner Melville Grimm Jerome
Campe Horváth Aristoteles Bebel Proust
Bismarck Vigny Barlach Voltaire Federer Herodot
Gengenbach Heine
Storm Casanova Tersteegen Grillparzer Georgy
Chamberlain Lessing Langbein Gilm
Brentano Lafontaine Gryphius
Strachwitz Claudius Schiller Kralik Iffland Sokrates
Bellamy Schilling
Katharina II. von Rußland Gerstäcker Raabe Gibbon Tschechow
Löns Hesse Hoffmann Gogol Wilde Gleim Vulpius
Luther Heym Hofmannsthal Klee Hölty Morgenstern
Roth Heyse Klopstock Goedicke
Luxemburg Puschkin Homer Kleist
La Roche Horaz Mörike Musil
Machiavelli
Navarra Aurel Musset Kierkegaard Kraft Kraus
Nestroy Marie de France Lamprecht Kind Kirchhoff Hugo Moltke
Laotse Ipsen Liebknecht
Nietzsche Nansen
Marx Lassalle Gorki Klett Leibniz Ringelnatz
von Ossietzky May Lawrence Irving
vom Stein
Petalozzi Knigge
Platon Pückler Michelangelo Kafka
Sachs Poe Liebermann Kock Korolenko
de Sade Praetorius Mistral Zetkin

Neuere politische und soziale Gedichte

Ferdinand Freiligrath

Impressum

Autor: Ferdinand Freiligrath
Umschlagkonzept: toepferschumann, Berlin

Verlag: tredition GmbH, Hamburg
ISBN: 978-3-8424-8973-8
Printed in Germany

Text der Originalausgabe

Ferdinand Freiligrath

Neuere politische und soziale Gedichte

Gesamtwerk – Fünfter Band

Neue Rechtschreibung

(Das Buch erschien ca. 1870. Re)

1849. 1851.

Erstes Heft

1849

Meiner Frau zum Geburtstage.

(Mit einer Erika.)

> Die Heide, die bei uns zu Land
> Allwärts ihr Grün vergeudet;
> Die Berg und Schlucht und Felsenwand
> Mit starren Büscheln kleidet;
> Die hoch und tief sich blicken läßt,
> Die bring' ich dir zu deinem Fest
> In schlichter irdner Scherbe.
>
> Wo du und ich geboren sind,
> Da rauscht sie allerorten;
> Sie schüttelt sich im Morgenwind
> Vor deiner Wartburg Pforten;
> Sie spiegelt sich in Ilm und Saal',
> Und in der Unstrut goldnes Tal
> Herschaut sie vom Kyffhäuser.
>
> Und auch bei mir mit hellem Schein
> Schmückt sie die Bergeshalde;
> Sie wallt um meinen Externstein
> Und rings im Lipp'schen Walde;
> Da summen Bienen um sie her,
> Und durch ihr rotes Blütenmeer
> Ausschlagend jagt der Senner.
>
> Der alte Rhein, der Traubenkoch,
> Könnt' ihrer Wohl entbehren;
> Doch ward auch ihm die Heide noch
> Zu seinen andern Ehren.
> Wie oft an Forst- und Gründelbach

Unter der Birke weh'ndem Dach
Winkt' uns ihr schwellend Kissen!

Da bebt sie spät, da bebt sie früh,
Da flammt sie durchs Gehölze;
Da krönt die siebte Mühle sie
Und auch die Silberschmelze;
Da krönt sie Brunn und Felsenschlucht –
O, möge dieser Scherbenhucht
An alles das dich mahnen!

Und dann – nicht wahr, seit alter Zeit
Ist es der Brauch gewesen.
Daß man aus Pfriemenkraut und Heid
Gebunden hat den Besen?
Den Besen, der die Gassen kehrt,
Der wie ein Wetter niederfährt,
Wo Staub und Wust sich brüsten!

So sei dir denn auch noch vertraut,
Was junge Sagen künden:
Bald wird aus niederm Heidekraut
Sich selbst ein Besen binden,
Ein ries'ger, der der Niedertracht
Und Sklaverei ein Ende macht
In Deutschland und auf Erden!

Dann wird auch uns zur Wiederkehr
Der Freiheit Glocke läuten;
Dann wird uns keine Scherbe mehr
Heimat und Herd bedeuten;
Dann – doch mir schlägt das Herz wie toll!
Rasch, gieß nur einen Tummler voll.
Daß ich dich leben lasse!

Brüssel, Dezember 1844.

Leipzigs Toten!

»Tue! tue!«
Karl IX. in der Bartholomäusnacht.

»Laßt Ader! laßt Ader! Die Ärzte sagen, das Aderlassen sei
im August so heilsam als im Mai!«
Tavannes in derselben.

Sie kam heran im weh'nden Trauerflor,
Über den See nach ihrem Brauche;
Um Huttens Insel beugte sie das Rohr
Mit ihres Odems feuchtem Hauche.
Ich sah sie nah'n, ich sah in sie hinaus;
Dann wieder setzt' ich mich zu schreiben –
Da trat sie plötzlich finster vor mein Haus,
Und hauchte leis an meine Scheiben:
»Ich bin die Nacht, die Bartholomäusnacht;
Mein Fuß ist blutig, und mein Haupt verschleiert.
Es hat in Deutschland eine Fürstenmacht
Zwölf Tage heuer mich zu früh gefeiert!

»O fünfzehnhundertzweiundsiebenzig!
Ha, wie da Pulverdampf die Giebel bräunte!
Ha, wie da schießend aus dem Fenster sich
Hervorbog jener Karl der Neunte!
Auch er ein Allerchristlichster, o Schmach!
Anschrie und hetzt' er seine Söldnerrotten,
Bis wehrlos hingewürgt am Boden lag
Die beste Kraft der Hugenotten!
Ich bin die Nacht, die Bartholomäusnacht;
Mein Fuß ist blutig, und mein Haupt verschleiert.
Es hat in Deutschland eine Fürstenmacht
Zwölf Tage heuer mich zu früh gefeiert!

»Nicht ganz so blutig wohl, wie dazumal!
Doch das ist gleich – hinpfiff die Kugel tausend!
Die Opfer stürzten – was liegt an der Zahl?
Gleichviel, ob dreizehn oder dreißigtausend!

Die Hähne knackten – auf ein Prinzenwort!
Ein Wehruf zog durch meine Finsternisse!
Livreebedienter, sprühte dreist der Mord
Die vielbeliebten, sichern Rückenschüsse!
Ich bin die Nacht, die Bartholomäusnacht;
Mein Fuß ist blutig, und Mein Haupt verschleiert.
Es hat in Deutschland eine Fürstenmacht
Zwölf Tage heuer mich zu früh gefeiert!

»Man hat gesagt: sie haben es verdient!
Wer hat sie rebellieren denn geheißen?
Was haben die Verweg'nen sich erkühnt,
Kronleuchter, allerhöchste, zu zerschmeißen?
Man war erstaunt, man war mit Recht empört!
Denkt: auf den Boden klirrte Scheib' um Scheibe! –
Wohl! ... Aber niemals hab' ich noch gehört,
Daß man mit Blut zerbrochne Fenster kleibe!
Ich bin die Nacht, die Bartholomäusnacht;
Mein Fuß ist blutig, und mein Haupt verschleiert.
Es hat in Deutschland eine Fürstenmacht
Zwölf Tage heuer mich zu früh gefeiert!

»Und dann: Sie floh'n! Der Blitz des Rohres fuhr
In abgewandte, schon geworf'ne Reihen!
Ja, Flieh'nde nur, schuldlose Wandler nur,
Hat man erlegt mit königlichen Bleien!
Ein Weib, ein Kind – o herzzerreißend Weh'!
Da lagen sie, am Pflaster die Gesichter!
– Was ballst du nur an deinem Schweizersee
Die zorn'gen Fäuste, heimatloser Dichter?
Ich bin die Nacht, die Bartholomäusnacht;
Mein Fuß ist blutig, und mein Haupt verschleiert.
Es hat in Deutschland eine Fürstenmacht
Zwölf Tage heuer mich zu früh gefeiert!

»Soll ich noch melden von dem Leichenzug?
Der Marsch ertönte, Trauerweisen schallten;
Aus diesem Haus und dann aus jenem trug
Man einen Sarg, und ernste Fahnen wallten!

Nachschoß des Volkes endlos lange Flut –
Ein Tränenstrom, so weit das Auge schaute!
Ach, nie doch wäscht er dies unschuld'ge Blut
Von Leipzigs Kiesweg und von Sachsens Raute!
Ich bin die Nacht, die Bartholomäusnacht;
Mein Fuß ist blutig, und mein Haupt verschleiert.
Es hat in Deutschland eine Fürstenmacht
Zwölf Tage heuer mich zu früh gefeiert!

»Man hat ein Wort: die Mitternacht ist stumm!
Doch schrei' ich laut: Wer soll dies Blut euch stillen?
Das allererste floß es wiederum
Durch einen Fürsten, um des Glaubens willen!
O deutsches Land, was trugen dir schon ein
Wie deine Fürsten, so dein Glauben! –
Allein du liebst es, stets ein Kind zu sein!
Nicht *eine* Kette lässest du dir rauben!
Ich bin die Nacht, die Bartholomäusnacht;
Mein Fuß ist blutig, und mein Haupt verschleiert.
Es hat in Deutschland eine Fürstenmacht
Zwölf Tage heuer mich zu früh gefeiert!

»Doch heut kein Grollen! an der Gruft kein Spott!
Tu', was du mußt! folg' deinem Wahrheitsdürsten!
Hau', wie dich's drängt, dir deinen Weg zu Gott!
Nur, – suchst du Gott, was fragst du deine Fürsten?
Erwache Deutschland! denk' an jenen Herrn,
Der aus dem Louvre schoß mit blindem Wüten!
– Fahr' wohl, Poet! Ich muß noch nach Luzern!
Zu meinen Vätern noch, den Jesuiten!
Ich bin die Nacht, die Bartholomäusnacht;
Mein Fuß ist blutig, und mein Haupt verschleiert.
Es hat in Deutschland eine Fürstenmacht
Zwölf Tage heuer mich zu früh gefeiert!«

Meyenberg am Züricher See, 24. August 1845.

Requiescat!

Wer den wucht'gen Hammer schwingt;
Wer im Felde mäht die Ähren;
Wer ins Mark der Erde dringt,
Weib und Kinder zu ernähren;
Wer stroman den Nachen zieht;
Wer bei Woll' und Werg und Flachse
Hinterm Webestuhl sich müht,
Daß sein blonder Junge wachse: –

Jedem Ehre, jedem Preis!
Ehre jeder Hand voll Schwielen!
Ehre jedem Tropfen Schweiß,
Der in Hütten fällt und Mühlen!
Ehre jeder nassen Stirn
Hinterm Pfluge! – doch auch dessen,
Der mit Schädel und mit Hirn
Hungernd pflügt, sei nicht vergessen!

Ob in enger Bücherei
Dunst und Moder ihn umstäube:
Ob er Sklav der Messe sei,
Lieder oder Dramen schreibe;
Ob er um verruchten Lohn
Fremden Ungeschmack vertiere;
Ob er in gelehrter Fron
Griechisch und Latein doziere: –

Er auch ist ein Proletar!
Ihm auch heißt es: »Darbe! borge!«
Ihm auch bleicht das dunkle Haar,
Ihn auch hetzt ins Grab die Sorge!
Mit dem Zwange, mit der Not
Wie die andern muß er ringen,
Und der Kinder Schrei nach Brot
Lähmt auch ihm die freien Schwingen!

Manchen hab' ich so gekannt!
Nach den Wolken flog sein Streben: –
Tief im Staube von der Hand
In den Mund doch mußt' er leben!
Eingepfercht und eingedornt,
Ächzt er zwischen Tür und Angel;
Der Bedarf hat ihn gespornt,
Und gepeitscht hat ihn der Mangel.

Also schrieb er Blatt auf Blatt,
Bleich und mit verhärmten Wangen,
Während draußen Blum' und Blatt
Sich im Morgenwinde schwangen.
Nachtigall und Drossel schlug,
Lerche sang und Habicht kreiste: –
Er hing über seinem Buch,
Tagelöhner mit dem Geiste!

Dennoch, ob sein Herz auch schrie,
Blieb er tapfer, blieb ergeben:
»Dieses auch ist Poesie,
Denn es ist das Menschenleben!«
Und wenn gar der Mut ihm sank,
Hielt er fest sich an dem einen:
»Meine Ehre wahrt' ich blank!
Was ich tu', ist für die Meinen!«

Endlich ließ ihn doch die Kraft!
Aus sein Ringen, aus sein Schaffen!
Nur zuweilen, fieberhaft,
Konnt' er noch empor sich raffen!
Nachts oft von der Muse Kuß
Fühlt' er seine Schläfen pochen;
Frei dann flog der Genius,
Den des Tages Drang gebrochen!

Lang jetzt ruht er unterm Rain,
Drauf im Gras die Winde wühlen;
Ohne Kreuz und ohne Stein

Schläft er aus auf seinen Pfühlen.
Rotgeweinten Angesichts
Irrt sein Weib und irrt sein Samen –
Bettlerkinder erben nichts,
Als des Vaters reinen Namen!

Ruhm und Ehre jedem Fleiß!
Ehre jeder Hand voll Schwielen!
Ehre jedem Tropfen Schweiß,
Der in Hütten fällt und Mühlen!
Ehre jeder nassen Stirn
Hinterm Pfluge! – Doch auch dessen
Der mit Schädel und mit Hirn
Hungernd pflügt, sei nicht vergessen!

Zürich, Februar 1846.

Irland

An rost'ger Kette liegt das Boot;
Das Segel träumt, das Ruder lungert.
Das macht, der Fischerbub ist tot;
Das macht, der Fischer ist verhungert!
Denn Irlands Fisch ist Herrenfisch;
Der Strandherr praßt vom reichen Fange,
Leer aber bleibt des Fängers Tisch –
So starb der Fischer, so sein Range.

Die Herde blökt, die Herde brüllt;
Welch ein Gedräng von Küh'n und Schafen!
Der Hirt, von Lumpen schlecht verhüllt,
Treibt sie ans Meer zum nächsten Hafen.
Denn Irlands Vieh ist Herrenvieh:
Das gerne Paddys Knochen stärkte
Und seiner Kinder brechend Knie –
Der Grundherr schickt's auf fremde Märkte.

Drum ist sein Viehstall ihm ein Born
Der Üppigkeit und des Genusses,
Und jeglich Kuh- und Bullenhorn
Wird ihm ein Horn des Überflusses.
Er läßt zu London und Paris
Den Spieltisch unterm Gold sich biegen; –
Sein Volk, das er zu Hause ließ,
Fällt unterdes wie Winterfliegen.

Halloh, Halloh! Grün-Erins Jagd!
Paddy, lang' zu! das nenn' ich Ziemer!
Umsonst! auch das wird fortgebracht,
Meerüber mit dem ersten Steamer!
Denn Irlands Wild ist Herrenwild:
Es füllt des Grundherrn Bauch und Taschen –
Der bleiche Knecht, des Elends Bild,
Hilf Gott! ist selbst zu matt zum Paschen!

So sorgt der Herr, daß Hirsch und Ochs,
Das heißt: daß ihn sein Bauer mäste;
Statt auszutrocknen seine Bogs –
Ihr kennt sie ja: Irlands Moräste!
Er läßt den Boden nutzlos ruhn,
Drauf Halm an Halm sich wiegen könnte;
Er läßt ihn schnöd dem Wasserhuhn,
Dem Kibitz und der wilden Ente!

Ja doch, bei Gottes Fluche: – Sumpf
Und Wildnis vier Millionen Äcker!
Ihr aber seid blasiert und stumpf,
Faul und verfault – euch weckt kein Wecker!
O, irisch Land ist Herrenland:
Drum stehn die Mütter an den Wegen,
Den toten Säugling im Gewand,
Und flehn euch, ihn ins Grab zu legen.

– So schallt die Klage Tag und Nacht,
So grollt es Connaught durch und Leinster.
Der West hat mir den Schrei gebracht –
Er trug ihn schrill bis vor mein Fenster.
Matt, wie ein angeschossner Weih,
Herschwebt' er über Höh'n und Sunde –
Der Schrei der Not, der Hungerschrei,
Der Sterbeschrei aus Erins Munde!

Erin – da liegt sie auf den Knien,
Bleich und entstellt, mit weh'ndem Haare.
Und streut des Shamrocks welkend Grün
Zitternd auf ihrer Kinder Bahre.
Sie kniet am See, sie kniet am Strom,
Sie kniet auf ihrer Berge Kronen –
Mehr noch, als Harold-Bhrons Rom,
»Die Niobe der Nationen!«

London, Februar 1847.

Das Lied vom Hemde

(Nach Thomas Hood)

Mit Fingern mager und müd,
Mit Augen schwer und rot,
In schlechten Hadern saß ein Weib
Nähend fürs liebe Brot.
Stich! Stich! Stich!
Aufsah sie wirr und fremde;
In Hunger und Armut flehentlich
Sang sie das »Lied vom Hemde«.

»Schaffen! Schaffen! Schaffen!
Sobald der Haushahn wach!
Und Schaffen – Schaffen – Schaffen,
Bis die Sterne glüh'n durchs Dach!
O, lieber Sklavin sein
Bei Türken und bei Heiden,
Wo das Weib keine Seele zu retten hat,
Als so bei Christen leiden!

»Schaffen – Schaffen – Schaffen,
Bis das Hirn beginnt zu rollen!
Schaffen – Schaffen – Schaffen,
Bis die Augen springen wollen!
Saum und Zwickel und Band,
Band und Zwickel und Saum –
Dann über den Knöpfen schlaf ich ein,
Und nähe sie fort im Traum.

»O Männer, denen Gott
Weib, Mutter, Schwestern gegeben:
Nicht Linnen ist's was ihr verschleißt –
Nein, warmes Menschenleben!
Stich! Stich! Stich!
Das ist der Armut Fluch:

Mit doppeltem Faden näh' ich Hemd,
Ja, Hemd und Leichentuch!

»Doch was red' ich nur vom Tod,
Dem Knochenmanne! – Ha!
Kaum fürcht' ich seine Schreckgestalt,
Sie gleicht meiner eignen ja!
Sie gleicht mir, weil ich faste,
Weil ich lange nicht geruht.
O Gott, daß Brot so teuer ist,
Und so wohlfeil Fleisch und Blut!

»Schaffen – Schaffen – Schaffen!
Und der Lohn? Ein Wasserhumpen,
Eine Kruste Brot, ein Bett von Stroh,
Dort das morsche Dach – und Lumpen!
Ein alter Tisch, ein zerbrochner Stuhl,
Sonst nichts auf Gottes Welt!
Eine Wand so bar – 's ist ein Trost sogar,
Wenn mein Schatten nur drauf fällt!

»Schaffen – Schaffen – Schaffen –
Vom Früh- zum Nachtgeläut!
Schaffen – Schaffen – Schaffen,
Wie zur Straf' gefangne Leut'!
Band und Zwickel und Saum,
Saum und Zwickel und Band,
Bis vom ewigen Bücken mir schwindlig wird,
Bis das Hirn mir starrt und die Hand!

»Schaffen – Schaffen – Schaffen,
Bei Dezembernebeln fahl!
Schaffen – Schaffen – Schaffen,
In des Lenzes sonnigem Strahl!
Wenn zwitschernd sich ans Dach
Die erste Schwalbe klammert,
Sich sonnt und Frühlingslieder singt,
Daß das Herz mir zuckt und jammert.

»O, draußen nur zu sein,
Wo Viol' und Primel sprießen –
Den Himmel über mir,
Und das Gras zu meinen Füßen!
Zu fühlen wie vordem,
Ach, eine Stunde nur,
Eh' noch es hieß: ein Mittagsmahl
Für ein Wandeln auf der Flur!

»Ach ja, nur eine Frist,
Wie kurz auch – nicht zur Freude!
Nein, auszuweinen mich einmal
So recht in meinem Leide!
Doch zurück, ihr meine Tränen!
Zurück tief ins Gehirn!
Ihr kämt mir schön! netztet beim Nähn
Mir Nadel nur und Zwirn!«

Mit Fingern mager und müd,
Mit Augen schwer und rot,
In schlechten Hadern saß ein Weib,
Nähend fürs liebe Brot.
Stich! Stich! Stich!
Aufsah sie wirr und fremde;
In Hunger und Armut flehentlich –
O, schwäng' es laut zu den Reichen sich! –
Sang sie dies »Lied vom Hemde«.

London, Sommer 1847.

Die Seufzerbrücke

(Nach Thomas Hood)

»Ertrunken, ertrunken!«

Hamlet

Wieder, zu atmen müd,
Müd ihrer Not,
Eine, die flüchtend schied
Iach in den Tod!

Hebt sie vom Uferkies,
Aufhebt sie leis!
O, welch ein zart und süß
Abgeknickt Reis!

Sehet, wie straff ihr Zeug!
Sehet, wie wachstuchgleich!
Kalt rinnt das Wasser ihr
Ab vom Gewande;
Hebt sie mir, tragt sie mir
Liebend vom Strande!

Nimmer mit Hohn und Groll –
Trauernd, erbarmungsvoll
Anrührt ihr Leibliches!
Nicht ihrer Flecken denkt: –
Was ihr von ihr versenkt,
Ist nun rein Weibliches!

Fragt nicht: aus was für Saat
Aufging die rasche Tat,
Keimt' ihr Empören?
Abwusch die Schmach von ihr,
Nichts ließ der Tod an ihr –

Nichts als der Schönheit Zier
Und Leichenehren!

Keiner verdamme sie!
Hört sie zur Sippe doch
Evas! – O, wischt ihr die klamme, die
Arme sickernde Lippe doch!

Lüpft ihre Locken!
Streicht sie ihr trocken,
Preßt sie ihr aus!
Ihre Locken, die braunen! –
Die Leut' indes staunen:
Wo stand ihr Haus?

Wer war ihr Vater?
Wer ihre Mutter?
Hatt' eine Schwester sie?
Warnte kein Bruder sie
Treu vor dem Falle?
Lebt' ihr kein Lieb'rer noch,
Lebt' ihr kein Näh'rer noch,
Ach, als sie alle?

Himmel, der Seltenheit
Christlicher Mildigkeit! –
'S war zum Entsetzen:
In einer Stadt, wie die,
Herdstatt nicht hatte sie,
Dran sich zu setzen!

Schwesterlich, brüderlich,
Väterlich, mütterlich
Fühlen versehrt!
Was wie auf Fels ihr stand,
Liebe schwand, Treue schwand!
Selbst Gottes Vaterhand
Schien abgekehrt!

Wo der Lampen Helle
Zurückstrahlt die Welle,
Wo ihr Schimmer lacht
Aus Saal und Gemache
Vom Keller zum Dache,
Stand sie, die Schwache,
Hauslos bei Nacht!

Wind und Regenguß
Machten sie beben;
Nicht der schwarze Fluß,
Nicht die finstern Streben!
Abgehetzt, wundgehetzt,
Kam sie zu sterben jetzt:
»Fort mich geschnellt –
Üb'rall hin, üb'rall hin,
Nur aus der Welt!«

Hinab sprang sie bald auch,
Wie finster, wie kalt auch
Die Themse rann.
Übers Geländer hier –
Mal' es dir, denk' es dir,
Schwelgender Mann!
Wasche sich, trink' aus ihr
Fürder, wer kann!

Hebt sie vom Uferkies,
Aufhebt sie leis!
O, welch ein zart und süß
Abgeknickt Reis!

Eh' noch zu steif und hart
Jegliches Glied ihr starrt,
Sittsam und linde
Streckt sie zur letzten Ruh'!
Drückt ihr die Augen zu,
Starrend so blinde;

Starrend durchs Regnen
Der Lockenträuflung,
Wie dem Dort zu begegnen
Mit dem letzten verwegnen
Blick der Verzweiflung.

Also verachtet,
Wahnsinnumnachtet,
Hat die Entehrte,
Reueverzehrte
Sterben gemußt! –
Als ob sie flehte
Still im Gebete,
Kreuzt ihr die Hände
Über der Brust!

Kreuzt sie – nicht hehlend
Das Irren der Armen,
Und sanft es befehlend
Ihres Heilands Erbarmen.

London, Sommer 1847.

Im Hochland fiel der erste Schuß

Im Hochland fiel der erste Schuß –
Im Hochland wider die Pfaffen!
Da kam, die fallen wird und muß,
Ja, die Lawine kam in Schuß –
Drei Länder in den Waffen!
Schon kann die Schweiz vom Siegen ruhn:
Das Urgebirg und die Nagelfluhn
Zittern vor Lust bis zum Kerne!

Drauf ging der Tanz in Welschland los –
Die Scyllen und Charybden,
Vesuv und Ätna brachen los:
Ausbruch auf Ausbruch, Stoß auf Stoß!
– »Sehr bedenklich, Euer Liebden!«
Also schallt's von Berlin nach Wien,
Und von Wien zurück wieder nach Berlin –
Sogar den Nickel graut es!

Und nun ist denn auch abermals
Das Pflaster aufgerissen,
Auf dem die Freiheit, nackten Stahls,
Aus der lumpigen Pracht des Königssaals
Zwei Könige schon geschmissen;
Einen von ihnen gar geköpft –
Und drauf du lang genug geschröpft
Dein Volk, o Julikönig!

Anrückt die Linie: Schuß auf Schuß!
Und immer frisch geladen!
Doch dies ist ein Volk wie aus Eisenguß,
Stülpen Karren um und Omnibus –
Das sind die Barrikaden!
Stolze opferfrohe Reihn,
Singen sie, in der Hand den Stein:
» *Mourir pour la patrie*!«

Die Kugel pfeift, der Kiesel fliegt,
In Lüften wallt die Fahne!
Ein General am Boden liegt –
Ça ira, ça ira, die Bluse siegt,
O Vorstadt St. Antoine!
Massen auf Massen! Keiner wankt –
Schon hat der Guizot abgedankt,
Bleich, zitternd mit den Lippen.

» *Vive la Réforme! Le Système à bas!*«
O treffliche Gesellen!
Der Birne Schütteltag ist da:
Die halbe Linie, *ça ira*!
Und Amiens sind Rebellen!
Keine neue Kriegsmacht naht:
Das Volk zerstörte Schien' und Draht –
Bahnzug und Telegraphen!

Was weiter wird: – noch harren wir!
Doch wird's die Freiheit werden!
Die Freiheit dort, die Freiheit hier,
Die Freiheit jetzt und für und für,
Die Freiheit rings auf Erden!
Im Hochland fiel der erste Schuß,
Und die da niederdonnern muß,
Die Lawine kam ins Rollen!

Sie rollt – sie springt – o Lombardei,
Bald fühlst auch du ihr Wälzen!
Ungarn und Polen macht sie frei,
Durch Deutschland dröhnen wird ihr Schrei,
Und kein Bannstrahl kann sie schmelzen!
Einzig in der Freiheit Wehn
Mild und leis wird sie zergehn,
Des alten Zorns Lawine!

Ja, fest am Zorne halten wir
Fest bis zu jener Frühe!
Die Träne springt ins Auge mir,

In meinem Herzen singt's: » *Mourir,*
Mourir pour la Patrie!«
Glück auf, das ist ein glorreich Jahr,
Das ist ein stolzer Februar –
» *Allons enfans*« – » *Mourir, mourir,*
Mourir pour la Patrie!«

London, 25. Februar 1848.

Die Republik!

Die Republik, die Republik!
Herr Gott, das war ein Schlagen!
Das war ein Sieg aus einem Stück!
Das war ein Wurf! die Republik!
Und alles in drei Tagen!
Die Republik, die Republik!
Vive la République!

Die Republik, die Republik!
Ankeuchten die Berichte:
Ein Atemzug, ein Wink, ein Blick,
Ein Handumdrehn – die Republik!
So dichtet die Geschichte!
Die Republik, die Republik!
Vive la République!

Die Republik, die Republik!
Nun ist der Wall erstiegen!
Nun ist gerannt die Mauerlück' –
Die Republik, die Republik! –
Und *unsre* Farben fliegen!
Die Republik, die Republik!
Vive la République!

Die Republik, die Republik!
Noch stehn wir müßig unten!
Vom Wall doch ruft's: Bleibt nicht zurück!
Nach durch den Riß – die Republik! –
Beim Aufblitz unsrer Lunten!
Die Republik, die Republik!
Vive la République!

Die Republik, die Republik!
Ja doch, ihr Vorhut-Streiter –
Wir folgen euch! die Republik!
Schon dröhnt von unserm Fuß die Brück',

Schon fassen wir die Leiter!
Die Republik, die Republik!
Vive la République!

Die Republik, die Republik!
Wer redet von Entzweien?
Was Völkerhaß! Die Republik!
Als Freie, jochlos das Genick,
So treten wir zu Freien!
Die Republik, die Republik!
Vive la République!

Von heute an – die Republik –
Zwei Lager nur auf Erden:
Die Freien mit dem kühnen Blick,
Die Sklaven, um den Hals den Strick!
Sei's! mag's entschieden werden!
Die Republik, die Republik!
Vive la République!

Sonst aber – hoch die Republik! –
Kein Kriegen mehr und Spalten!
Nur fester Bund zu Lieb' und Glück!
Nur Bruderschaft – die Republik! –
Und menschlich schön Entfalten!
Die Republik, die Republik!
Vive la République!

Die Republik, die Republik!
Wohlan denn, Rhein und Elbe!
Donau, wohlan – die Republik!
Die Stirnen hoch, hoch das Genick!
Eu'r Feldgeschrei dasselbe:
Die Republik, die Republik!
Vive la République!

London, 26. Februar 1848.

Schwarz-Rot-Gold

In Kümmernis und Dunkelheit,
Da mußten wir sie bergen!
Nun haben wir sie doch befreit,
Befreit aus ihren Särgen!
Ha, wie das blitzt und rauscht und rollt!
Hurra, du Schwarz, du Rot, du Gold!
    Pulver ist schwarz,
    Blut ist rot.
    Golden flackert die Flamme!

Das ist das alte Reichspanier,
Das sind die alten Farben!
Darunter hau'n und holen wir
Uns bald wohl junge Narben!
Denn erst der Anfang ist gemacht,
Noch steht bevor die letzte Schlacht!
    Pulver ist schwarz,
    Blut ist rot,
    Golden flackert die Flamme!

Ja, die das Banner ihr gestickt,
Ihr Jungfern unverdrossen,
Derweil am Feuer wir gebückt
Uns Flintenkugeln gossen:
Nicht, wo man singt nur oder tanzt,
Geschwungen sei's und aufgepflanzt! –
    Pulver ist schwarz,
    Blut ist rot,
    Golden flackert die Flamme!

Denn das ist noch die Freiheit nicht,
Die Deutschland muß begnaden,
Wenn eine Stadt in Waffen spricht
Und hinter Barrikaden:
»Kurfürst, verleih'! Sonst – hüte dich! –
Sonst werden wir – großherzoglich!«

Pulver ist schwarz,
Blut ist rot,
Golden flackert die Flamme!

Daß ist noch lang die Freiheit nicht,
Die ungeteilte, ganze,
Wenn man ein Zeughaustor erbricht,
Und Schwert sich nimmt und Lanze;
Sodann ein Weniges sie schwingt,
Und – folgsamlich zurück sie bringt!
    Pulver ist schwarz,
    Blut ist rot,
    Golden flackert die Flamme!

Das ist noch lang die Freiheit nicht,
Wenn ihr an Brockhaus' Glase
Ausübt ein klirrend Strafgericht
Ob einer Dresdner Nase!
Was liegt euch an dem Sosius?
Drauf: – in die Hofburg Stein und Schuß!
    Pulver ist schwarz,
    Blut ist rot,
    Golden flackert die Flamme!

Das ist noch lang die Freiheit nicht,
Wenn man, statt mit Patronen,
Mit keiner andern Waffe ficht,
Als mit Petitionen!
Du lieber Gott: – Petitioniert!
Parlamentiert, illuminiert!
    Pulver ist schwarz,
    Blut ist rot,
    Golden flackert die Flamme!

Das ist noch lang die Freiheit nicht,
Sein Recht als Gnade nehmen
Von Buben, die zu Recht und Pflicht
Aus Furcht nur sich bequemen!
Auch nicht: daß, die ihr gründlich haßt,

Ihr dennoch auf den Thronen laßt!
  Pulver ist schwarz,
  Blut ist rot,
  Golden flackert die Flamme!

Die Freiheit ist die Nation,
Ist aller gleich Gebieten!
Die Freiheit ist die Auktion
Von dreißig Fürstenhüten!
Die Freiheit ist die Republik!
Und abermals: die Republik!
  Pulver ist schwarz,
  Blut ist rot,
  Golden flackert die Flamme!

Die eine deutsche Republik,
Die mußt du noch erfliegen!
Mußt jeden Strick und Galgenstrick
Dreifarbig noch besiegen!
Das ist der große letzte Strauß –
Flieg' aus, du deutsch Panier, flieg' aus!
  Pulver ist schwarz,
  Blut ist rot,
  Golden flackert die Flamme!

Zum Kampfe denn, zum Kampfe jetzt!
Der Kampf nur gibt dir Weihe!
Und kehrst du rauchig und zerfetzt,
So stickt man dich aufs neue!
Nicht wahr, ihr deutschen Jungfräulein?
Hurra, das wird ein Sticken sein!
  Pulver ist schwarz,
  Blut ist rot,
  Golden flackert die Flamme!

Und der das Lied für euch erfand
In einer dieser Nächte,
Der wollte, daß ein Musikant
Es bald in Noten brächte!

Heißt das: ein rechter Musikant!
Dann kläng' es hell durchs deutsche Land:
    Pulver ist schwarz,
    Blut ist rot,
    Golden flackert die Flamme!

London, 17. März 1848.

Berlin.

Lied der »Amnestierten« im Auslande.

Zum Völkerfest, auf das wir ziehn,
Zu dem die Freiheit ladet,
Wie wandelst herrlich du, Berlin!
Berlin, in Blut gebadet!
Du wandelst rußig und bestaubt
Einher in deinen Wunden!
Du wandelst hin, das bleiche Haupt
Mit Bannertuch verbunden!

Mit Tuch, von dem du jene Nacht
Geheiligt jeden Faden!
O, erste deutsche Fahnenwacht
Auf deutschen Barrikaden!
Du rissest es aus langer Schmach
Empor zu neuer Schöne!
In einer Nacht, auf einen Schlag
Rein wuschen's deine Söhne!

So helfe dir nun Gott, Tyrann!
Erstochen und erschossen!
Und abwärts durch die Straßen rann
Ihr Blut in allen Gossen!
Arbeiterblut, Studentenblut –
Wir knirschen mit den Zähnen,
Und in die Augen treibt die Wut
Uns seltne Männertränen!

Sie fochten dreizehn Stunden lang,
Die Erde hat gezittert!
Sie fochten ohne Sang und Klang,
Sie fochten stumm erbittert!
Da war kein Lied wie *Ça ira* –
Nur Schrei und Ruf und Röcheln!

Sie standen ernst und schweigend da,
Im Blut bis zu den Knöcheln!

So schlaft denn wohl im kühlen Grund,
Schlaft ewig unvergessen!
Wir können euch den bleichen Mund,
Die starre Hand nicht pressen!
Wir können euch zu Ehr' und Zier
Mit Blumen nicht bewerfen –
Doch können wir und wollen wir
Die Schwerter für euch schärfen!

Denn einen Kampf, der so begann,
Soll kein Ermatten schänden!
Ihr strittet vor, ihr finget an:
So laßt denn uns vollenden!
Wir sind bereit, wir sind geschwind,
Wir treten in die Lücken!
Mit allen, die noch übrig sind,
Die Klinge woll'n wir zücken!

Denn heißen soll es nimmermehr:
Für nichts sind sie gestorben!
Für nichts, als was sie Tags vorher
Ertrotzt schon und erworben!
Denn keiner sage je und je:
Sie waren brav im Schießen!
Doch fehlt' auch ihnen die Idee,
Da sie sich metzeln ließen!

Drum sollen eure Leichen nicht
Den Strom der Freiheit stauen:
Den Strom, der seine Fesseln bricht
In diesem Märzestauen!
Drum sollen sie die Stufen sein,
Die Stufen grün von Zweigen,
Auf denen wir zum Dach hinein
Der freien Zukunft steigen!

Was Manifest noch, was Bescheid!
Was Bitten noch und Geben!
Was Amnestie und Preßfreiheit –
Tod gilt es oder Leben!
Wir rücken an in kalter Ruh',
Wir beißen die Patrone,
Wir sagen kurz: Wir oder du!
Volk heißt es oder Krone!

Daß Deutschland stark und einig sei,
Das ist auch unser Dürsten!
Doch einig wird es nur, wenn frei,
Und frei nur ohne Fürsten!
O Volk, ein einz'ger Tag verstrich –
Und schon von Vivats heiser?
Erst gestern ließ er schlachten dich – –
Und heute deutscher Kaiser?!

Schmach! mit dem Blute wild verspritzt
Bei jenem freud'gen Sterben,
Mit dem jetzt möcht er sich verschmitzt
Den Kaiserpurpur färben!
Allein, daß das unmöglich sei,
Dafür noch stehn wir Wache,
Dafür bleibt unser Feldgeschrei:
Hie Republik und Rache!

Wir treten in die Reiseschuh',
Wir brechen auf schon heute!
Nun, heil'ge Freiheit, tröste du
Die Mütter und die Bräute!
Nun tröste Weib, nun tröste Kind,
Die Witwen und die Waisen –
Wie derer, die gefallen sind.
So unsre, will's das Eisen!

London, 25. März 1848.

Ein Lied vom Tode.

Auf den Hügeln steht er im Morgenrot,
Das gezückte Schwert in der sehn'gen Hand.
»Wer ich bin? ich bin der Befreiertod!
Bin der Tod für die Menschheit, das Vaterland!
Nicht der Leisetreter am Krankenpfühl,
Der den Greis und das Kind auf die Bahre legt –
Nein, der eiserne Stürmer im Kampfgewühl,
Der den Mann und den trotzigen Jüngling erschlägt!

»Unterm blauen lustigen Himmelszelt,
Da durchflieg' ich, da licht' ich die jauchzenden Reih'n;
Da werf' ich sie hin auf das Ackerfeld,
Auf die Blumenflur, auf den Pflasterstein!
O, wie stirbt es sich schön in der Kraft, im Zorn:
Sie liegen, emporgewandt den Blick;
Sie liegen, die Todeswunde vorn
Und das bleiche blutige Haupt im Genick!

»So lagen die Tapfern an Wien und Spree;
So lagen die Turner am Eiderfluß;
So lagen auf jener Schwarzwaldhöh'
Die Freistaatmänner, gefällt vom Schuß.
So liegen und lagen sie hundertweis,
Die der März gefordert und der April;
So findet sie liegen die Rose des Mais,
Daß ihr Grab sie bekränze freundlich und still!

»Die Rose des Mais! – Ja, was bringt der Mai?
Ich will es euch sagen: Hieb und Stich!
Ich will es euch sagen: Trompetenschrei,
Knatternde Salven und abermals mich!
Denn ihr sollt euch gründlich und ganz befrein,
Und das leuchtende Gold, das die Fahn' euch schmückt
Sei die *Tresse* nicht bloß, die des Lakai'n,
Die des Kammerdieners Livree bestickt!

»Ja, ihr habt, was ihr tatet, nur halb getan! –
Wer ist, der die Kugel hemmen darf?
Sie roll' und sie donn're auf ihrer Bahn,
Bis sie *viermal alle Neune* warf!
Euch heißt »Rebell« der entschiede Mann.
Der die *volle* Freiheit zu fordern wagt? –
Ei, wie man so bald nur vergessen kann,
Daß *von Aufruhrs Gnaden* zu Frankfurt man tagt!

»Demokratische Basis,« die »breiteste« gar!
»Parlament« und »Verfassung,« »Kaiser und Reich!«
Von dem allen ist nur das eine klar:
Einer »Basis« bedürft ihr – ja wohl, *für euch!*
Eines Stuhles, auf dem ihr behaglich sitzt;
Eines »breitesten,« drauf ihr breit euch macht!
Ihr wollt nur ein Jahr, das wie dreißig blitzt –
Ihr wollt kein Gewitter von vierzig und acht!

»Doch wir *schreiben* jetzt achtundvierzig, ihr Herrn!
Und das Wetter ist da, und ihr haltet's nicht auf!
Und wie ihr euch stellen mögt und sperr'n:
Es nivelliert *bis zu euch herauf!*
Wolken auf Wolken, und Strahl auf Strahl,
Und der Donner kracht, und das Echo gellt;
Der Odem Gottes wieder einmal
Reinigt die faul gewordene Welt!

»Und *der* sendet auch mich! Ja, ich kam mit dem März,
Schreite streng und ernst von Gefild zu Gefild,
Reiße die Besten, die Kühnsten ans Herz,
Lasse sie fallen feurig und wild!
Und so werd' ich schreiten und töten zumal,
Bis die Sonne folgt auf das Morgenrot!
O, du Weihelenz in Lust und in Qual –
Vorwärts! ich bin der Befreiertod!«

London, 30. April 1848.

Trotz alledem!

(Variiert.)

Das war 'ne heiße Märzenzeit,
Trotz Regen, Schnee und alledem!
Nun aber, da es Blüten schneit,
Nun ist es kalt, trotz alledem!
Trotz alledem und alledem –
Trotz Wien, Berlin und alledem –
Ein schnöder scharfer Winterwind
Durchfröstelt uns trotz alledem!

Das ist der Wind der Reaktion
Mit Mehltau, Reif und alledem!
Das ist die Bourgeoisie am Thron –
Der annoch steht, trotz alledem!
Trotz alledem und alledem,
Trotz Blutschuld, Trug und alledem –
Er steht noch und er hudelt uns
Wie früher fast, trotz alledem!

Die Waffen, die der Sieg uns gab,
Der Sieg des Rechts trotz alledem,
Die nimmt man sacht uns wieder ab,
Samt Kraut und Lot und alledem,
Trotz alledem und alledem,
Trotz Parlament und alledem –
Wir werden unsre Büchsen los,
Soldatenwild trotz alledem!

Doch sind wir frisch und wohlgemut,
Und zagen nicht trotz alledem!
In tiefer Brust des Zornes Glut,
Die hält uns warm trotz alledem!
Trotz alledem und alledem,
Es gilt uns gleich trotz alledem!

Wir schütteln uns: Ein garst'ger Wind,
Doch weiter nichts trotz alledem!

Denn ob der Reichstag sich blamiert
Professorhaft, trotz alledem!
Und ob der Teufel reagiert
Mit Huf und Horn und alledem –
Trotz alledem und alledem,
Trotz Dummheit, List und alledem,
Wir wissen doch: die Menschlichkeit
Behält den Sieg trotz alledem!

So füllt denn nur der Mörser Schlund
Mit Eisen, Blei und alledem:
Wir halten aus auf unserm Grund,
Wir wanken nicht trotz alledem!
Trotz alledem und alledem!
Und macht ihr's gar, trotz alledem,
Wie zu Neapel jener Schuft:
Das hilft erst recht, trotz alledem!

Nur, was zerfällt, vertretet ihr!
Seid Kasten nur, trotz alledem!
Wir sind das Volk, die Menschheit wir,
Sind ewig drum, trotz alledem!
Trotz alledem und alledem!
So kommt denn an, trotz alledem!
Ihr hemmt uns, doch ihr zwingt uns nicht –
Unser die Welt trotz alledem!

Düsseldorf, Anfang Juni 1848.

Die Toten an die Lebenden.

Die Kugel mitten in der Brust, die Stirne breit gespal-
ten,
So habt ihr uns auf blut'gem Brett hoch in die Luft ge-
halten!
Hoch in die Luft mit wildem Schrei, daß unsre
Schmerzgeberde
Dem, der zu töten uns befahl, ein Fluch auf ewig wer-
de!
Daß er sie sehe Tag und Nacht, im Wachen und im
Traume –
Im Öffnen seines Bibelbuchs wie im Champagner-
schaume!
Daß wie ein Brandmal sie sich tief in seine Seele brenne;
Daß nirgendwo und nimmermehr er vor ihr fliehen
könne!
Daß jeder qualverzogne Mund, daß jede rote Wunde
Ihn schrecke noch, ihn ängste noch in seiner letzten
Stunde!
Daß jedes Schluchzen um uns her dem Sterbenden
noch schalle,
Daß jede tote Faust sich noch nach seinem Haupte balle
–
Mög' er das Haupt nun auf ein Bett, wie andre Leute
pflegen,
Mög' er es auf ein Blutgerüst zum letzten Atmen legen!

So war's! Die Kugel in der Brust, die Stirne breit gespal-
ten,
So habt ihr uns auf schwankem Brett auf zum Altan
gehalten!
»Herunter!« – und er kam gewankt – gewankt an unser
Bette;
»Hut ab!« – er zog – er neigte sich! (so sank zur Mario-
nette,
Der erst ein Komödiante war!) – bleich stand er und
beklommen!

Das Heer indes verließ die Stadt, die sterbend wir genommen!
Dann »Jesus meine Zuversicht!« wie ihr's im Buch
könnt lesen:
Ein »Eisen meine Zuversicht!« wär' paßlicher gewesen!

Das war den Morgen auf die Nacht, in der man uns erschlagen;
So habt ihr triumphierend uns in unsre Gruft getragen!
Und wir – wohl war der Schädel uns zerschossen und
zerhauen,
Doch lag des Sieges froher Stolz auf unsern grimmen
Brauen.
Wir dachten: hoch zwar ist der Preis, doch echt auch ist
die Ware!
Und legten uns in Frieden drum zurecht auf unsrer
Bahre.

Weh' euch, wir haben uns getäuscht! Vier Monden erst
vergangen,
Und alles feig durch euch verscherzt, was trotzig wir
errangen!
Was unser Tod euch zugewandt, verlottert und verloren –
O, alles, alles hörten wir mit leisen Geisterohren!
Wie Wellen braust an uns heran, was sich begab im
Lande:
Der Aberwitz des Dänenkriegs, die letzte Polenschande;
Das rüde Toben der Vendée in stockigen Provinzen;
Der Soldateska Wiederkehr, die Wiederkehr des Prinzen;
Die Schmach zu Mainz, die Schmach zu Trier; das Hänseln, das Entwaffnen
Allüberall der Bürgerwehr, der eben erst geschaffnen;
Die Tücke, die den Zeughaussturm zu einem Diebszug
machte,
Die selber uns, die selbst das Grab noch zu begeifern
dachte;

So weit es Barrikaden gab, der Druck auf Schrift und
Rede;
Mit der Versammlung freiem Recht die täglich frechre
Fehde;
Der Kerkertore dumpf Geknarr im Norden und im Sü-
den;
Für jeden, der zum Volke steht, das alte Kettenschmie-
den;
Der Bund mit dem Kosackentum; das Brechen jedes
Stabes,
Ach, über euch, die wert ihr seid des lorbeerreichsten
Grabes:
Ihr von des Zukunftdranges Sturm am weitesten Ge-
tragnen!
Ihr – Juni-Kämpfer von Paris! Ihr siegenden Geschlag-
nen!
Dann der Verrat, hier und am Main im Taglohn unter-
halten –
O Volk, und immer Friede nur in deines Schurzfells
Falten?
Sag' an, birgt es nicht auch den Krieg? den Krieg her-
ausgeschüttelt!
Den zweiten Krieg, den letzten Krieg mit allem, was
dich büttelt!
Laß deinen Ruf: »die Republik!« die Glocken über-
dröhnen,
Die diesem allerneuesten Johannesschwindel tönen!

Umsonst! es täte not, daß ihr uns aus der Erde grübet,
Und wiederum auf blut'gem Brett hoch in die Luft er-
hübet!
Nicht, jenem abgetanen Mann, wie damals, uns zu zei-
gen –
Nein, zu den Zelten, auf den Markt, ins Land mit uns
zu steigen!
Hinaus ins Land, soweit es reicht! Und dann die Insur-
genten
Auf ihren Bahren hingestellt in beiden Parlamenten!
O ernste Schau! Da lägen wir, im Haupthaar Erd' und

Gräser,
Das Antlitz fleckig, halbverwest – die *rechten* Reichs-
verweser!
Da lägen wir und sagten aus: Eh' *wir* verfaulen konn-
ten,
Ist eure Freiheit schon verfault, ihr trefflichen Archon-
ten!
Schon fiel das Korn, das keimend stand, als wir im
Märze starben:
Der Freiheit Märzsaat ward gemäht noch vor den an-
dern Garben!
Ein Mohn im Felde hier und dort entging der Sense
Hieben –
O, wär' der Grimm, der rote Grimm, im Lande so ge-
blieben!
Und doch, er blieb! Es ist ein Trost im Schelten uns ge-
kommen:
Zu viel schon hattet ihr erreicht, zu viel ward euch ge-
nommen!
Zu viel des Hohns, zu viel der Schmach wird täglich
euch geboten:
Euch *muß* der Grimm geblieben sein – o, glaubt es uns,
den Toten!
Er blieb euch! ja, und er erwacht! er wird und muß er-
wachen!
Die halbe Revolution zur ganzen wird er machen!
Er wartet nur des Augenblicks: dann springt er auf
allmächtig,
Gehobnen Armes, weh'nden Haars dasteht er wild und
prächtig!
Die rost'ge Büchse legt er an, mit Fensterblei geladen:
Die rote Fahne läßt er wehn hoch auf den Barrikaden!
Sie fliegt voran der Bürgerwehr, sie fliegt voran dem
Heere –
Die Throne gehn in Flammen auf, die Fürsten fliehn
zum Meere!
Die Adler fliehn; die Löwen fliehn; die Klauen und die
Zähne! –

Und seine Zukunft bildet selbst das Volk, das souverä-
ne!

Indessen, bis die Stunde schlägt, hat dieses unser Grol-
len
Euch, die ihr vieles schon versäumt, das Herz ergreifen
wollen!
O, steht gerüstet! seid bereit! o, schaffet, daß die Erde,
Darin wir liegen strack und starr, ganz eine freie wer-
de!
Daß fürder der Gedanke nicht uns stören kann im
Schlafen:
Sie waren frei: doch wieder jetzt – und ewig! – sind sie
Sklaven!

Düsseldorf, Juli 1848.

Wien.

Wenn wir noch knien könnten, wir lägen auf den
Knien;
Wenn wir noch beten könnten, wir beteten für Wien!
Doch lange schon verlernten wir Kniefall und Gebet –
Der Mann ist uns der beste, der grad und aufrecht
steht!
Die Hand ist uns die liebste, die Schwert und Lanze
schwingt!
Der Mund ist uns der frommste, der Schlachtgesänge
singt!
Wozu noch bittend winseln? Ihr Männer, ins Gewehr –
Heut ballt man nur die Hände, man faltet sie nicht
mehr!
Es ist das Händefalten ein abgenutzt Geschäft –
Die linke an die Scheide, die rechte Hand ans Heft!
Die linke an die Gurgel dem Sklaven und dem Schuft,
Die Rechte mit der Klinge ausholend in der Luft!
Ein riesig Schilderheben, ein Ringen wild und kühn –
Das ist zur Weltgeschichte das rechte Flehn für Wien!

Ja, Deutschland, ein Erheben! ja, Deutschland, eine Tat!
Nicht, wo im roten Dolman einhersprengt der Kroat,
Nicht, wo vom Huf der Rosse das Donauufer bebt,
Nicht, wo vom Stephansturme der weiße Rauch sich
hebt,
Nicht, wo aus Sklavenmörsern die Brandraketen
sprühn –
Nicht dorthin, ernster Norden, gewaffnet sollst du
ziehn!
Nicht dorthin sollst du pilgern zur Hilfe, zum Entsatz –
Allwärts, um Wien zu retten, stehst du an deinem
Platz!
Räum' auf im eignen Hause! Räum' auf und halte Stich
–
Den Jellachich zu jagen, wirf *deinen* Jellachich!
Ein dreister Schlag im Norden ist auch im Süd ein

Schlag;
Mach' fallen *unser* Olmütz, und Olmütz rasselt nach!

Der Herbst ist angebrochen, der kalte Winter naht –
O Deutschland, ein Erheben! o Deutschland, eine Tat!
Die Eisenbahnen Pfeifen, es zuckt der Telegraph –
Du aber bleibst gelassen, du aber bleibst im Schlaf!
Beim Todeskampf der Riesin dastehst du wie von Stein
–

Alles, wozu du dich ermannst, ein kläglich Bravoschrein!

Köln. 3. November 1848.

Blum.

Vor zweiundvierzig Jahren war's, da hat mit Macht geschrien
Ein siebentägig Kölner Kind auf seiner Mutter Knien;
Ein Kind mit breiter, offner Stirn, ein Kind von heller
Lunge.
Ein prächtig Proletarierkind, ein derber Küferjunge.
Er schrie, daß in der Werkstatt rings des Vaters Tonnen
hallten;
Die Mutter hat mit Lächeln ihn an ihre Brust gehalten;
An ihrer Brust, auf ihrem Arm hat sie ihn eingesungen:
–
Es ist zu Köln das Wiegenlied des Knaben hell erklungen.

Und heut in diesem selben Köln zum Wehn des Winterwindes
Und zu der Orgel Brausen schallt das Grablied dieses
Kindes.
Nicht singt die überlebende, die Mutter, es dem Sohne:
Das ganze schmerzbewegte Köln singt es mit festem
Tone.
Es spricht: Du, deren Schoß ihn trug, bleib still auf deiner Kammer!
Vor deinem Gott, du graues Haupt, ausströme deinen
Jammer!
Auch ich bin seine Mutter, Weib! Ich und noch eine
Hohe –
Ich und die Revolution, die grimme, lichterlohe!

Bleib du daheim mit deinem Schmerz! Wir wahren seine Ehre –
Des Robert Requiem singt Köln, das revolutionäre!

So redet Köln! Und Orgelsturm entquillt dem Kirchenchore,
Es stehn die Säulen des Altars umhüllt mit Trauerflore,

Die Kerzen werfen matten Schein, die Weihrauchwol-
ken ziehen,
Und tausend Augen werden naß bei Neukomms Melo-
dien.
So ehrt die treue Vaterstadt des Tonnenbinders Knaben
–
Ihn, den die Schergen der Gewalt zu Wien gemordet
haben!
Ihn, der sich seinen Lebensweg, den steilen und den
rauhen,
Auf bis zu Frankfurts Parlament mit starker Hand ge-
hauen!
(Dort auch, was er allstündlich war, ein Wackrer, kein
Verräter!) –
Was greift ihr zu den Schwertern nicht, ihr Singer und
ihr Beter?
Was werdet ihr Posaunen nicht, ihr eh'rnen Orgeltu-
ben,
Den jüngsten Tag ins Ohr zu schrein den Henkern und
den Buben?
Den Henkern, die ihn hingestreckt auf der Brigittenaue
–
Auf festen Knien lag er da im ersten Morgentaue!
Dann sank er hin – hin in sein Blut – lautlos! – heut vor
acht Tagen!
Zwei Kugeln haben ihm die Brust, eine das Haupt zer-
schlagen!

Ja, *ruhig* hat man ihn gemacht: – er liegt in seiner Truhe!
So schall' ihm denn ein Requiem, ein Lied der ew'gen
Ruhe!
Ruh' ihm, der uns die Unruh' hat als Erbteil hinterlas-
sen: –
Mir, als ich heut im Tempel stand in den bewegten
Massen,
Mir war's, als hört' ich durch den Sturm der Töne ein
Geraune:
Du, rechte mit der Stunde nicht! die Orgel *wird* Posau-
ne!

Es *werden*, die du singen siehst, das Schwert in Händen
tragen –
Denn nichts als Kampf und wieder Kampf entringt sich
diesen Tagen!
Ein Requiem ist Rache nicht, ein Requiem nicht Sühne –
Bald aber steht die Rächerin auf schwarzbehangner
Bühne!
Die dunkelrote Rächerin! Mit Blut bespritzt und Zäh-
ren,
Wird sie und soll und muß sie sich in Permanenz erklä-
ren!
Dann wird ein ander Requiem den toten Opfern klin-
gen –
Du rufst sie nicht, die Rächerin, doch wird die Zeit sie
bringen!
Der *andern* Greuel rufen sie! So wird es sich vollenden –
Weh' allen, denen schuldlos Blut klebt an den Henker-
händen!

Vor zweiundvierzig Jahren war's, da hat mit Macht ge-
schrien
Ein siebentägig Kölner Kind auf seiner Mutter Knien!
Acht Tage sind's, da lag zu Wien ein blut'ger Mann im
Sande –
Heut scholl ihm Neukomms Requiem zu Köln am
Rheinesstrande.

Köln, 16. November 1848.

Zweites Heft.

1851

Die Revolution.

1851.

Und ob ihr sie, ein edel Wild, mit euren Henkersknech-
ten fingt;
Und ob ihr unterm Festungswall standrechten die Ge-
fang'ne gingt;
Und ob sie längst der Hügel deckt, auf dessen Grün
ums Morgenrot
Die junge Bäurin Kränze legt – *doch* sag ich euch: sie ist
nicht tot!

Und ob ihr von der hohen Stirn das weh'nde Locken-
haar ihr schort;
Und ob ihr zu Genossen ihr den Mörder und den Dieb
erkort;
Und ob sie Zuchthauskleider trägt, im Schoß den Napf
voll Erbsenbrei;
Und ob sie Werg und Wolle spinnt – *doch* sag' ich kühn
euch: sie ist frei!

Und ob ihr ins Exil sie jagt, von Lande sie zu Lande
hetzt;
Und ob sie fremde Herde sucht, und stumm sich in die
Asche setzt;
Und ob sie wunde Sohlen taucht in ferner Wasserströ-
me Lauf –
Doch ihre Harfe nimmermehr an Babels Weiden hängt
sie auf!

O nein – sie stellt sie vor sich hin; sie schlägt sie trotzig,
euch zum Trotz!
Sie spottet lachend des Exils, wie sie gespottet des Scha-

fotts!
Sie singt ein Lied, daß ihr entsetzt von euren Sesseln
euch erhebt;
Daß euch das Herz – das feige Herz, das falsche Herz! –
im Leibe bebt!

Kein Klagelied! kein Tränenlied! kein Lied um jeden,
der schon fiel;
Noch minder gar ein Lied des Hohns auf das verworf-
ne Zwischenspiel,
Die Bettleroper, die zur Zeit ihr plump noch zu agieren
wißt,
Wie mottig euer Hermelin, wie faul auch euer Purpur
ist!

O nein, was sie den Wassern singt, ist nicht der
Schmerz und nicht die Schmach –
Ist Siegeslied, Triumpheslied, Lied von der Zukunft
großem Tag!
Der Zukunft, die nicht fern mehr ist! Sie spricht mit
dreistem Prophezei'n,
So gut wie weiland euer Gott: Ich war, ich bin – *ich wer-*
de sein!

Ich werde sein, und wiederum voraus den Völkern
werd' ich gehn!
Auf eurem Nacken, eurem Haupt, auf euren Kronen
werd' ich stehn!
Befreierin und Rächerin und Richterin, das Schwert
entblößt,
Ausrecken den gewalt'gen Arm werd' ich, daß er die
Welt erlöst!

Ihr seht mich in den Kerkern bloß, ihr seht mich in der
Grube nur,
Ihr seht mich nur als Irrende auf des Exiles dorn'ger
Flur –
Ihr Blöden, wohn' ich denn nicht auch, wo eure Macht
ein Ende hat:

Bleibt mir nicht hinter jeder Stirn, in jedem Herzen eine
Statt?

In jedem Haupt, das trotzig denkt? das hoch und unge-
beugt sich trägt?
Ist mein Asyl nicht jede Brust, die menschlich fühlt und
menschlich schlägt?
Nicht jede Werkstatt, drin es pocht? nicht jede Hütte,
drin es ächzt –
Bin ich der Menschheit Odem nicht, die rastlos nach Be-
freiung lechzt?

Drum werd' ich sein, und wiederum voraus den Völ-
kern werd' ich gehn!
Auf eurem Nacken, eurem Haupt, auf euren Kronen
werd' ich stehn!
'S ist der Geschichte eh'rnes Muß! es ist kein Rühmen,
ist kein Drohn –
Der Tag wird heiß – wie wehst du kühl, o Weidenlaub
von Babylon!

Reveille.

(Für die Revolutionsfeier auf dem Gürzenich zu Köln, 19. März 1849.)

Frisch auf zur Weise von Marseille,
Frisch auf ein Lied mit hellem Ton!
Singt es hinaus als die Reveille
Der neuen Revolution!
Der neuen Revolution!
Der neuen, die mit Schwert und Lanze
Die letzte Fessel bald zerbricht –
Der alten, halben singt es nicht!
Uns gilt die neue nur, die ganze!
Die neue Rebellion!
Die ganze Rebellion!
Marsch, Marsch!
Marsch, Marsch!
Marsch – wär's zum Tod!
Und uns're Fahn' ist rot! (bis.)

Der Sommer reift des Frühlings Saaten,
Drum folgt der Juni auf den März.
O Juni, komm und bring' uns Taten!
Nach frischen Taten lechzt das Herz!
Nach frischen Taten lechzt das Herz!
Laß deine Wolken schwarz sich ballen,
Bring' uns Gewitter Schlag auf Schlag!
Laß in die ungesühnte Schmach
Der Rache Donnerkeile fallen!
Die neue Rebellion!
Die ganze Rebellion!
Marsch, Marsch!
Marsch, Marsch!
Marsch – wär's zum Tod!
Und uns're Fahn' ist rot! (bis.)

An uns're Brust, an uns're Lippen,
Der Menschheit Farbe, heil'ges Rot!

Wild schlägt das Herz uns an die Rippen –
Fort in den Kampf! Sieg oder Tod!
Fort in den Kampf! Sieg oder Tod!
Hurra, sie sucht des Feindes Degen!
Hurra, die ew'ge Fahne wallt!
Selbst aus der Wunden breitem Spalt
Springt sie verachtend ihm entgegen!
Die neue Rebellion!
Die ganze Rebellion!
Marsch, Marsch!
Marsch, Marsch!
Marsch – wär's zum Tod!
Und uns're Fahn' ist rot! (bis.)

Abschiedswort der Neuen Rheinischen Zeitung.

19. Mai 1849.

Kein offner Hieb in offner Schlacht –
Es fällen die Rücken und Tücken,
Es fällt mich die schleichende Niedertracht
Der schmutzigen West-Kalmücken!
Aus dem Dunkel flog der tötende Schaft,
Aus dem Hinterhalt fielen die Streiche –
Und so lieg' ich nun da in meiner Kraft,
Eine stolze Rebellenleiche!

Auf der Lippe den Trotz und den zuckenden Hohn,
In der Hand den blitzenden Degen,
Noch im Sterben rufend: »Die Rebellion!« –
So bin ich mit Ehren erlegen.
O, gern wohl bestreuten mein Grab mit Salz
Der Preuße zusamt dem Zare –
Doch es schicken die Ungarn, es schickt die Pfalz
Drei Salven mir über die Bahre!

Und der arme Mann im zerriss'nen Gewand,
Er wirft auf mein Haupt die Schollen;
Er wirft sie hinab mit der fleißigen Hand,
Mit der harten, der schwielenvollen.
Einen Kranz auch bringt er aus Blumen und Mai'n,
Zu ruh'n auf meinen Wunden;
Den haben sein Weib und sein Töchterlein
Nach der Arbeit für mich gewunden.

Nun Ade, nun Ade, du kämpfende Welt,
Nun Ade, ihr ringenden Heere!
Nun Ade, du pulvergeschwärztes Feld,
Nun Ade, ihr Schwerter und Speere!
Nun Ade – doch nicht für immer Ade!
Denn sie töten den Geist nicht, ihr Brüder!
Bald richt' ich mich rasselnd in die Höh',
Bald kehr' ich reisiger wieder!

Wenn die letzte Krone wie Glas zerbricht,
In des Kampfes Wettern und Flammen,
Wenn das Volk sein letztes »Schuldig!« spricht,
Dann stehn wir wieder zusammen!
Mit dem Wort, mit dem Schwert, an der Donau, am
Rhein –
Eine allzeit treue Gesellin
Wird dem Throne zerschmetternden Volke sein
Die Geächtete, die Rebellion!

Ungarn.

(Silvester 1848.)

Nun flackert durch die Heide
Der Lagerfeuer Brand;
Nun blitzt die krumme Schneide
In des Magyaren Hand;
Nun läßt er seine Herde,
Nun schwingt er sich zu Pferde,
Nun lehnt er am Verhau;
Und vor dem Eisensporn'gen
Aufrauscht das Lied der zorn'gen
Donau, der Heidefrau.

Sie jaucht in ihren Borden,
Sie schwillt vor Stolz und Wut:
»Glück auf, ihr braunen Horden,
Du heißes Ungarblut!
Ihr Hirten und ihr Jäger,
Ihr wilden Zimbalschläger,
Ihr Geiger unverzagt!
Ihr, die ihr als die letzten
Zur Schlacht mit dem zerfetzten
Panier der Freiheit jagt!

»Verraten allenthalben,
Verraten und schimpfiert,
Habt ihr es auf die Falben
Und Rappen euch salviert!
Vom Roß emporgehalten,
Bluteis in seinen Falten,
So trägt es der Magyar;
So läßt er breit es fliegen,
So läßt er es mit Siegen
Einweih'n das neue Jahr!

»Seht her doch, ihr nach Westen!
Ein Volk noch in der Welt,

Was trotzig mit der festen
Stahlhand am Aufruhr hält!
Im fernen, wüsten Osten,
Der Freiheit Außenposten,
Die schlagen jetzt die Schlacht,
Die, heiß zurück sich wälzend,
Jedwede Fessel schmelzend,
Auch euch zu Freien macht!

»Hört ihr der Hörner Gellen,
Hört ihr der Rosse Trab,
Seht ihr die blut'gen Wellen? –
Das ist der Kampf bei Raab!
Vorwärts ihr zottigen Reiter!
Vorwärts Kossuth, mein Streiter!« –
So klingt der Donau Schrei;
So wälzt sie sich mit Grollen
Hinab durch ihre Schollen
Zur schläfrigen Türkei.

Brot.

(Nach Pierre Dupont.)

Wenn am Gestad' und in den Lüften
Sich keine Mühle mehr bewegt;
Wenn, müßig weidend auf den Triften,
Der Esel keinen Sack mehr trägt:
Dann, wie ein Wolf, am hellen Tage
Kühn tritt der Hunger in das Haus;
Ein Wetter rüstet sich zum Schlage,
Und durch die Luft geht ein Gebraus:
Ihr dämpft den Zornruf, o Despoten,
Des Volkes nicht, das hungernd droht!
Denn die Natur hat ihn geboten,
Den Schrei: Brot! Brot! Brot tut uns not!

Der Hunger kommt vom Dorf gegangen,
Einzieht er durch der Städte Tor;
So haltet ihm doch eure Stangen
Und eure Trommelstöcke vor!
Trotz Pulver und Kartätschenschauer
Rasch wie ein Vogel ist sein Lauf,
Und auf der allerhöchsten Mauer
Pflanzt er sein schwarzes Banner auf.
Ihr dämpft den Zornruf, o Despoten,
Des Volkes nicht, das hungernd droht!
Denn die Natur hat ihn geboten,
Den Schrei: Brot! Brot! Brot tut uns not!

Laßt eure Söldnerhaufen kommen
In gleichem Schritt, mit gleicher Wehr!
Der Scheuer und der Flur genommen,
Hat Waffen auch des Hungers Heer;
Es reißt die Schaufel aus der Scholle,
Die Sense reißt es aus dem Korn;
Sogar des Mädchens Brust, die volle,
Pocht an die Kolbe ihren Zorn.
Ihr dämpft den Zornruf, o Despoten,

Des Volkes nicht, das hungernd droht!
Denn die Natur hat ihn geboten,
Den Schrei: Brot! Brot! Brot tut uns not!

Packt, in des Volkes mut'gen Reihen,
Wer Sichel oder Flinte trägt!
Laßt immer das Gerüst uns dräuen,
Auf dem das Beil den Kopf abschlägt!
Hat es, in finst'rer Schauer Mitten,
Hat es, die Luft durchzuckend scheu,
Der Opfer Leben nun zerschnitten,
Dann tut ihr Blut noch diesen Schrei:
Ihr dämpft den Zornruf, o Despoten,
Des Volkes nicht, das hungernd droht!
Denn die Natur hat ihn geboten,
Den Schrei: Brot! Brot! Brot tut uns not!

Brot tut uns not! Brot muß man haben!
Wie Luft und Wasser tut es not!
Wir sind des alten Herrgotts Raben:
Was er uns schuldet, ist das Brot!
Doch seht, die Schuld ist abgetragen:
Er gab uns Land zur Ährenzucht,
Und kann nicht noch zu allen Tagen
Die Sonne reifen unsre Frucht?
Ihr dämpft den Zornruf, o Despoten,
Des Volkes nicht, das hungernd droht!
Denn die Natur hat ihn geboten,
Den Schrei: Brot! Brot! Brot tut uns not!

Die Welt ist halb noch Wildnis eben –
Und sollte doch aus Korn und Mais
Ein blonder Gürtel sie umgeben
Vom Pol bis an den Wendekreis!
Laßt uns der Erde Schoß zerreißen!
Laßt uns – wir schlugen uns genug! –
Laßt uns des Krieges schneidend Eisen
Verwandeln in den stillen Pflug!
Ihr dämpft den Zornruf, o Despoten,

Des Volkes nicht, das hungernd droht!
Denn die Natur hat ihn geboten,
Den Schrei: Brot! Brot! Brot tut uns not!

Der Kabinette Tun und Lassen,
Was gilt es unserm Bienenschwarm?
Wozu noch für der Fürsten Hassen
Bewaffnen den Zyklopenarm?
Das Volk ein Meer! Vom nackten Herde
Braust es heran und schwillt und droht!
Erbebt – und gebt dem Pflug die Erde,
Und nimmer fehlen wird das Brot!
Ihr dämpft den Zornruf, o Despoten,
Des Volkes nicht, das hungernd droht!
Denn die Natur hat ihn geboten,
Den Schrei: Brot! Brot! Brot tut uns not!

Am Birkenbaum.

(1829 – 1850.)

1.

Der junge Jäger am Waldrand saß,
Am Waldrand auf der Haar.
Wie Blut schon die Blätter, gebleicht das Gras,
Doch der Himmel sonnig und klar.
Er sprach: die Bracken zieh'n sich zur Möhne!
Vergebens mich auf den Fuchs gefreut!
Fern, immer ferner des Hornes Töne –
Kein Schuß mehr fällt auf dem Brandholz heut!

Ob ich nach nur schlend're? Den Teufel auch!
Ich lob' mir im Sonnenschein
Das Eckchen hier am Wacholderstrauch
Und den grauen, mosigen Stein!
Drauf streck' ich mich aus, den nehm' ich zum Polster,
An die Buche lehn' ich mein Doppelgewehr!
Und nun aus dem Dichterwinkel der Holster,
Mein Jagdgenosse, mein Byron, komm her! –

Und er nimmt seinen Weidsack, und langt sie herfür,
Die ihn öfters begleitete schon,
Die höchst unwürd'ge auf Löschpapier,
Die Zwickauer Edition.
Den Mazeppa hat er sich aufgeschlagen:
Muß sehn, ob ich's deutsch nur reimen kann!
Mögen immer die andern lachen und sagen:
Ha, ha, der lateinische Jägersmann!

Er liest – er sinnt – nun schreibt er sich's auf;
Nun scheint er so recht im Fluß –
Da nimmt er vor Freuden den Doppellauf,
Und tut in die Luft einen Schuß.
So hat er es lange Stunden getrieben,
Ein närrischer Kauz, ein Stück Poet,

Bis ihm, mit Bleistift flott geschrieben,
Ein saub'rer Anfang im Taschenbuch steht.

Er reibt sich die Hände: – Und nun nach Haus!
Zwei Stunden noch hab' ich zu gehn;
Nur ein einzig Mal noch hinab und hinaus
In die Ebene will ich spähn;
Will mir Schimmer und Duft in die Seele saugen,
Daß sie Freude noch und zu zehren hat,
Wenn mir wieder die fernedurstigen Augen
Auf Wochen einengt die graue Stadt.

Da liegt sie finster mit Türmen und Wall,
Die mich lehren soll den Erwerb,
Die mich grämlich sperrt in der Prosa Stall,
Und Dichten heißt Zeitverderb!
Wenn ich manchmal nicht auf den Rappen müßte,
Hätt' ich manchmal nicht einen Jagdtag frei,
Einen Tag, wie heut' – Schwerenot, ich wüßte
Keinen Rat meiner heimlichen Reimerei!

Da liegt sie – herbstlicher Duft ihr Kleid –
In der Abendsonne Brand!
Und hinter ihr, endlos, meilenweit,
Das leuchtende Münsterland!
Ein Blitz, wie Silber – das ist die Lippe!
Links hier des Hellwegs goldene Au!
Und dort zur Rechten, über'm Gestrüppe,
Das ist meines Osnings dämmerndes Blau!

Eine Fläche das! So, denk' ich mir, war
Die Flur, die Mazeppa durchsprengt!
Oder jene, drauf der russische Zar
Den schwedischen Karl gedrängt!
Zwar – milder und üppiger ist die Börde,
Doch wir haben auch Heidegrund und Moor
Und wilden Busch auf der roten Erde –
Ob auch hier schon wer eine Schlacht verlor?

– So denkt er, und hat es laut wohl gesagt;
Da tritt ein Mann auf ihn zu:
Ein Bauer – und wenn ihr mehr noch fragt:
Der Hüter einer Kuh.
Die langen Glieder umhüllt ein schlichter
Leinrock, das bläuliche Auge sticht,
Die Lippe zuckt – so tritt er zum Dichter,
So lächelt er seltsamlich und spricht:

2.

Guten Abend, Herr! Ob man Schlachten schlug
In der Ebene dort – fürwahr,
Ich hab's nicht erfahren! Lest nach im Buch!
Mich kümmert wenig, was war!
Ich schaue nur aus nach den künftigen Tagen –
So spricht vom Haarstrang der alte Hirt:
Eine Schlacht wohl sah ich dort unten schlagen,
Doch eine, die man erst schlagen *wird*!

Ich habe sie dreimal mit angesehn!
O, öd' ist die Haar bei Nacht!
Ich aber muß auf vom Bette stehn –
Dann hat es mich hergebracht!
Just, Herr, wo ihr steht – just hier auf den Felsen,
Da hat es mich Sträubenden hingestellt!
Und hätt' ich gewandt mich mit hundert Hälsen,
Doch hätt' ich hinabschau'n müssen ins Feld!

Und ich sah hinab und ich sah genau –
Da schwammen die Äcker in Blut,
Da hing's an den Ähren, wie roter Tau,
Und der Himmel war eine Glut!
Um die Höfe sah ich die Flamme wehen,
Und die Dörfer brannten wie dürres Gras:
Es war, als hätt' ich die Welt gesehen
Durch Höhrauch oder durch farbig Glas!

Und zwei Heere, zahllos wie Blätter im Busch,
Hieben wild aufeinander ein;
Das eine, mit hellem Trompetentusch,
Zog heran in der Richtung vom Rhein.
Das waren die Völker des Westens, die Freien!
Bis zum Haarweg scholl ihrer Pferde Gewieh'r,
Und voraus flog ihren unendlichen Reihen
Im Rauche des Pulvers ein rot Panier!

Rot, rot, rot! das einige Rot!
Kein prunkendes Wappen drauf!
Das trieb sie hinein in den jauchzenden Tod,
Das band sie, das hielt sie zuhauf!
Das warf sie entgegen den Sklaven aus Osten,
Die, das Banner bestickt mit wildem Getier,
Unabsehbar über die Fläche tosten
Auf das dröhnende, zitternde Kampfrevier.

Und ich wußte – doch hat es mir keiner gesagt! –
Das ist die letzte Schlacht,
Die der Osten gegen den Westen wagt
Um den Sieg und um die Macht!
Das ist der Knechtschaft letztes Verenden!
Das ist, wie nie noch ein Würfel fiel,
Aus der Könige kalten, bebenden Händen,
Der letzte Wurf in dem alten Spiel!

Denn dies ist die Schlacht *um den Birkenbaum*! –
Und ich sah seinen weißen Stamm,
Und er stand und regte die Blätter kaum,
Denn sie waren schwer und klamm!
Waren klamm vom Blut, das der blutige Reigen
An die zitternden wild in die Höhe gespritzt;
Und so stand er mit traurig hangenden Zweigen,
Von Kartätschen und springenden Bomben umblitzt.

Auf einmal hub er zu säuseln an,
Und ein Licht flog über die Haar –
Und den Osten sah ich geworfen dann

Von des Westens drängender Schar.
Die Zäume verhängt und die Fahnen zertreten,
Und die Führer zermalmt von der Hufe Wucht,
Und im Nacken der Freiheit Gerichtstrompeten –
So von dannen jagte die rasende Flucht,

Da! zu uns auch herauf! – da – seht ihr sie nicht?
Durch den Hohlweg und über den Stein!
Da! – zum vierten Mal nun das gleiche Gesicht
Und der gleiche lodernde Schein! –
Da! – tretet beiseit, daß kein fliegender Zügel,
Daß kein sausender Dolman den Arm euch streift!
Noch des Mannes Haupt, den, hangend im Bügel,
Eben jetzt sein Pferd durch den Ginster schleift!

Da! – es stürzt! – das edelste dieser Schlacht! –
Der Geschleifte liegt tot im Farr'n!
Und über ihn weg nun die wilde Jagd,
Die Lafetten, die Pulverkarr'n! –
Wer denkt noch an den? Wer unter den Wagen
Risse den noch hervor? Was Bahre, was Sarg!
Hört, Herr – doch dürft ihr es keinem sagen! –
So stirbt in Europa der letzte Monarch!

3.

Dem jungen Jäger schwirrt' es im Kopf
Und er tat einen langen Satz,
Und er fluchte: Vermaledeiter Tropf
Und vermaledeiter Platz!
Doch der Alte, kühl wie ein Seher eben,
Sah ihm ruhig nach von des Holzes Saum:
Ja, flucht nur, Herr Junge! Könnt's doch noch erleben!
Seid ja siebenzehn oder achtzehn kaum!

Dann pfiff er und zog übers Stoppelfeld –
Noch hat sich das Wort nicht erfüllt!
Doch der Birkenbaum steht ungefällt,
Und zwei Lager heute zerklüften die Welt,

Und ein Hüben, ein Drüben nur gilt!
Schon gab es Geplänkel: doch dauernd schlichten
Wird ein Schlag nur, wie jener, den wachsenden Strauß
–
Und dem Jäger kommen die alten Geschichten
Und er denkt: Schlüge dennoch das Volk in Gesichten
Seines nahenden Welttags Siege voraus?

Nach England.

1846

Als ich her von Frankreich fuhr,
Sprach das Meer: »Treib' sie zu Paaren!
Gleiche dem Erobrer nur,
Den ich trug vor tausend Jahren!
In derselben Furch' einher
Schwimmst du, die *sein* Kiel geschnitten:
Kühnen Sprunges drum, wie er,
Wirf dich wider diese Briten!

»Spring' ans Land und fall' ans Land!
Nur auch decke mit der Hand es!
Rufe: Mein dies Engelland!
Mein! Denn meine Hand umspannt es!
Dann empor und in den Streit!
Vorgeeilt auf rüst'gen Füßen!
Und es wird zu rechter Zeit
Hastings dich als Sieger grüßen!

»Hastingsfeld ist allerwärts,
Hastingsschlacht ist allerwegen,
Wo ein mutig Männerherz
Kühn sich stellt des Lebens Schlägen!
Wer da keinen Thron begehrt,
Hat um ander Gut zu rechten:
Du willst Brot und einen Herd –
Und auch die mußt du erfechten!

»Wider dich, weil froh du sangst,
Das Gebell von tausend Hunden!
Wider dich die blöde Angst
Vor dem Dichter-Vagabunden!
Wider dich und deinen Trutz
Alle Waffen des Gemeinen:
Kälte, Dünkel, Eigennutz –
Alle wider dich, den einen!

»Doch du bist dir selbst ein Heer!
Dir voraus mit hellem Singen
Jagt dein Lied, der Taillefer,
Mut und Freunde dir zu bringen!
Dann der Wille, dann der Fleiß,
Dann, die alles kann, die Liebe –
Keine Schlacht so grimm und heiß,
Daß die Schar nicht Meister bliebe!

»Wärst du einzeln, ernster Mann,
Sagt' ich dir: Bleib auf der Welle!
Meide Liliput fortan,
Sei des Elements Geselle!
Eintagsunruh, Eintagsstreit,
Woll' auf meinen Grund sie tauchen!
Odem der Unendlichkeit
Laß mich in die Brust dir hauchen!

»Aber nicht bei Mast und Tau,
Nicht auf Planken, sturmdurchnäßten –
Zarte Kinder, müde Frau
Wollen wandeln auf dem Festen!
Darum, wo die Ernte wallt,
Willst du sä'n und willst du pflanzen;
Wo der Lärm der Städte schallt,
Mit im Glieds willst du schanzen:

»Auch ein Mann, der Steine bricht;
Auch ein Mann in Eisenhütten! –
Lasse nur den Alltag nicht
Deine Dichtung dir verschütten!
Sei, der zwiefach reisig steht
Auf der frisch erkämpften Grenze:
Tagelöhner und Poet,
Eine beider Würden Kränze!

»Sieh', da liegt die Küste schon!« –
Ja, da lag sie! Nah zum Greifen,
Trotzig hob sich Albion

Aus der Flut, ein weißer Streifen.
Alles still und morgengrau!
Felsenripp' um Felsenrippe
Flog vorbei zu flücht'ger Schau:
Dover-Schloß und Shakespeares Klippe!

Hier und da ein Fischerboot!
Auf und ab geschwenkte Baken!
Kap Nord-Vorland! Brennendrot
Jetzt das Nore-Schiff! – Segellaken,
Dämpfersäulen – hui, das ging!
Alle keuchten, alle flogen,
Wie von jenem Fabelding,
Dem Magnetberg, angezogen!

Ein Magnet auch zog sie an:
London! – und in hellen Haufen
Mit der Flut sind wir sodann
In die Themse eingelaufen!
Näher trat des Landes Kern,
Herz und Adern fühlt' ich schlagen –
Östlich stand der Morgenstern,
Westlich senkte sich der Wagen.

Ein Weihnachtslied für meine Kinder

Vor der Ausweisung, 1850

Zum sechsten Mal der Kerzen Strahl
Anfach' ich auf der Fichte;
Das ist ein Schein! Herein, herein,
Und freut euch an dem Lichte!
Genug geharrt, genug gescharrt
Im Gang und an der Türe!
Die Schelle klingt, der Riegel springt:
Herein, mein Kleeblatt-Viere!

Herein, ihr Froh'n! Ach, wo nicht schon,
Ihr zarten jungen Leben,
Kamt ihr, wie heut, auf mein Geläut –
Wir sind Nomaden eben!
Heil eurer Lust! Mir füllt die Brust
Ein schmerzlich-süßes Träumen!
Anheb' ich weich ein Lied für euch
Von euren Weihnachtsbäumen!

Der erste stund auf Schweizergrund
In rauher Felsen Schatten;
Er sah den See, er sah den Schnee,
Den ew'gen, ob den Matten;
Sah Herdenziehn und Alpenglühn,
Den Gletscher und die Wiese;
Bot mir Gestöhn die Brust dem Föhn –
Dem Föhn und auch der Bise.

Die zweite dann und dritte Tann'
Aufwuchsen an der Themse;
Ihr Grün entlang zu Berge sprang
Kein Steinbock, keine Gemse;
Doch stattlich schwamm den niedern Stamm
Vorüber Bark' um Barke;
Und herbes Wehn, der Nordsee Wehn,
Gab Kraft dem jungen Marke.

Das nächste war ein heimisch Paar,
Ein Tannenpaar vom Rheine,
Das Wurzeln schlug und Nadeln trug
Auf hohem Ufersteine.
Dem Riß der Leh entragt' es frei,
Landein die Eifel blaute,
Und Weingerank umflog den Hang,
Von dem es niederschaute.

Und der euch heut sein Astwerk beut,
Das zackige, das breite,
Der schaute dreist, blank übereist,
Vom Grafenberg ins weite.
Stromniedrung hier, dort Bergrevier –
Ein letzter Klippensprenger,
Nachrauscht' er hohl ein Lebewohl
Dem Rhein, dem Hollandsgänger.

Ade, Ade! Das alte Weh!
Wer weiß, an was für Wellen
Wir übers Jahr, Rauhfrost im Haar,
Die Weihnachtstanne fällen!
Vielleicht aufs neu umfängt sie treu
Alt-Englands werter Boden –
Doch sichrer ist, sie steht zur Frist
Am Hudson in den Loden.

Sieht ernst sich an im Michigan,
Strahlt wieder aus der Bläue
Der Erieflut – eine Rothaut ruht
Auf ihrer Nadelstreue.
Zur Hand im Schnee starr liegt ein Reh,
Blutrünstig, frisch geschossen;
Ein Feuerlein wirft hellen Schein
Auf zu den dunklen Sprossen.

Die aber sprühn ihr Harz ins Glühn
Des Reisigs und der Kohlen. –
Das ist die Tann', – und horch, beian,

Was summt im Baum, dem hohlen?
Im Eichenstamm, wie wundersam!
Was tönen da für Stimmen?
Den Roten fragt – ich weiß, er sagt:
Das sind des Westens Immen!

Ein Wilder Schwarm! die Luft war warm,
Die Prärie blumig wallte,
Von Kelchen bunt war jeder Grund
Und jede Felsenspalte –
Da flogen sie, da sogen sie!
Nun surrt es in den Zellen,
Die künftig Jahr, hold Doppelpaar,
Den Christbaum dir erhellen!

So sorgt Natur auf ferner Flur
Schon heut für euch, ihr Lieben!
Und Menschen auch, lebend'gen Hauch
Und Odem, trefft ihr drüben!
Manch rauhe Hand durchs rauhe Land
Treibt euch den Pflug entgegen,
Die segnend sich, waldnachbarlich,
Auf eure Stirn wird legen!

Manch rauhe Hand im rauhen Land
Wird Beeren für euch brechen;
Manch treuer Mund aus Herzensgrund
Euch küssen, zu euch sprechen;
Manch lieb' Gesicht, aus Locken dicht,
Am Blockhaus euch begrüßen;
Manch kleiner Fuß, taunassen Schuh's,
Voreilen euren Füßen!

Drum muß es sein, und stößt der Rhein
Euch aus, ihr Vagabunden:
Der neue Herd, der feste Herd,
Er wird euch doch gefunden!
Dran wurzelt ihr, und lacht, das hier
Uns hudelt, des Gelichters: –

Die Heimat bloß macht heimatlos
Die Kinder ihres Dichters!

Da, Glockenton! Halb achte schon!
Gut' Nacht nun eurem Baume!
Nicht, wild Quartett, du gehst zu Bett,
Du siehst ihn fort im Traume?
Schon blaßt sein Licht! Vergeßt ihn nicht,
Ihr früh um mich Gehetzten –
Im Vaterland, das uns verbannt,
Im Vaterland den letzten!

Der Dame Traum

(Nach Thomas Hood)

Die Dame lag auf dem Pfühl,
Ihrem Pfühl so weich und warm;
Doch rastlos und unterbrochen ihr Schlaf –
Denn, als drückte sie schwer ein Harm,
Von Seite zu Seite warf sie sich,
Und fuhr aus mit erhobenem Arm.

Zuletzt schrak sie empor,
Saß im Bette grad' wie ein Licht;
Sah wirr und entsetzt ins Leere jetzt.
Wie schauend ein graus Gesicht –
Dann im Kissen begrub sie zagend ihr Haupt,
Als könnte sie's tragen nicht.

Der Vorhang selber flog,
So entbebte sie dem Flaum;
Und der Schein der Lampe zitterte matt
Auf der Decke gesticktem Saum;
Und mit zuckender Lippe rief sie aus:
»Weh' mir, der furchtbare Traum!«

»Der lange, lange Gang
Durch des Kirchhofs Rasenland!
Und die grauliche Schar, die um mich war,
Im aschigen Grabgewand!
Tod, Tod, Tod, und nichts als Tod –
Wo ich ging und wo ich stand!

»Und, o! die Mädchen jung,
Mit dem Arbeitszeug im Schoß,
Mit gesenktem Haupt, mit gesunk'ner Brust,
Und mit Wangen rosenlos! –
Und der Ruf durch die Nacht: Für des Stolzes Pracht
Ist ein frühes Grab unser Los!

»Für des Stolzes Pracht und Lust
Müssen spulen wir und nähn:
Und alles für eine Ruhstatt nur,
Wo dort die Zypressen wehn!–
Und sie wiesen hin – von Gräbern so voll
Hab' ich nie einen Grund gesehn!

»Und immer Särge noch,
Mit dem ernsten, düstern Geleit!
Sarg auf Sarg, und Sarg auf Sarg!
O, der trüben Schau! – Befreit
Von Kummer und Weh', wie träumt' ich je
Von solch einer Welt voll Leid?

»Von den Herzen, die täglich brechen,
Von den Tränen, die stündlich fallen,
Von den vielen, vielen Qualen und Mühn,
Die das Leben grimm befallen:
Krankheit und Hunger und Mangel und Schmerz? –
Doch nun träumt' ich von ihnen allen!

»Denn der Krüppel, der Blinde kam,
Und der Mann, den sein Dach verstieß,
Und die bettelnde Witwe, die auf ihr Kind,
Auf das unbegrabene, wies;
Der Hungrige, den ich ungespeist,
Der Nackte, den nackt ich ließ!

»Die Zähr', die ich trocknen gekonnt,
Doch vorbeiging, achtlos und kalt;
Denn aus alter, lang vergess'ner Zeit
Auf mich zu schritt jede Gestalt –
Ja, selbst der arme, verschmähte Mohr,
Dem mein kindisch Fürchten galt!

»Jeder ängstlich heischende Blick,
Jedes bittende Aug' voll Weh,
Jedes Antlitz, deutlich wie ehedem,
Maß mich in schauriger Näh' –

Oh, wenn ich, wie heut, die Vergangenheit
Im Tod als Gegenwart säh'!

»Wozu noch ein Schwefelpfuhl,
Eine strafende Höllenglut?
Mir wird, das umsonst mich angefleht,
Das zitternde Fleisch und Blut
Ein ewig lohender Vorwurf sein,
Und mir brennen den sündigen Mut!

»Zu achtlos, wohin ich trat,
Hinschritt ich durch die Welt:
Nein, half gar zertreten mein Mitgeschöpf,
Und füllen das Leichenfeld –
Töricht vergessend, daß ohne Gott
Nicht der Sperling vom Dache fällt!

»Ich trank vom köstlichsten Wein;
Aller Speisen hatt' ich die Wahl;
Fisch und Fleisch und Geflügel und Obst
Waren mein üppiges Mahl;
Doch des Volks, das aus Mangel an Nahrung stirbt,
Nie gedacht' ich und seiner Qual.

»Ich ging, wie die Edeln gehn,
Von Zierden mannigfalt,
Von Sammetzeug und Seide weich
Und köstlichem Pelz umwallt:
Doch der nackten Glieder gedacht' ich nie,
Die da beben starr und kalt.

»Des Leids, das ich heilen gekonnt,
Gedacht' ich zu keiner Frist!
Und dennoch zu so bösem Tun
Trieb mich kein bös Gelüst: –
Doch Übles tut, wer gedankenlos,
So gut als wer herzlos ist!«

Sie krampfte Hand in Hand,
Ihrem Schmerze gab sie Raum:
Tränen, groß und bitter und schnell,
Fielen herab auf den Flaum –
Und, o! daß manche Dame noch
Träumte der Dame Traum!

Die Armenhaus-Uhr

Eine Allegorie

(Nach Thomas Hood)

Ein Gemurmel in der Luft,
Ein Getös in allen Gassen –
Das Gemurmel einer Schar,
Das Getös von ziehenden Massen!
Das Heer der Arbeit wogt
Um des Armenhauses Schwellen:
Warum? es will der Armenvogt
Die Uhr des Hauses stellen.

Wer hört sie stampfen nicht,
Die Tausende, rasch entlang,
Von jedem Geschlecht, Gepräg, Gesicht,
Gesund, verkrüppelt, krank!
Hinkend, kriechend, gehend,
Aus Gäßchen und Hof – doch all'
Nach einer einz'gen Richtung wehend,
Wie zur See der Flüsse Schwall?
Aus öder Kammern Leere,
Aus Keller und Dachverschlag,

Den Webebaum tragend, die Schere,
Den Hammer und was sie sonst ernähre,
Herstürzen sie, ein gedrückter Schlag –
Arme Sklaven auf der Kultur Galeere! –
Und ordnen sich auf dem Heerweg in Heere,
Als ging es zum jüngsten Tag!
Einige kaum noch Menschen gleich!
Durch Arbeit verkümmert, nied're Gestalten,
Krüppel, im Wachstum aufgehalten,
Rauch, Staub und Öl in des Antlitzes Falten,
Stehn sie und drängen sich, ernst und bleich!
Bei den Eltern das Kind mit dem alten Gesicht –
Es sieht aus, als kennt' es das Lächeln nicht! –

Die Näherin, matt, mit verhärmten Wangen,
Mit Gespenstern nur noch von Kleidern behangen;
Der Weber, ihr Nachbar, steif und zermürbt;
Der grimme, ruhige Grobschmied dann;
Jede Seele: Kind, Weib oder Mann,
Die durch Arbeit lebt – oder stirbt!

Aufgepeitscht durch die eine Qual,
Durch das Weh der Gesellschaft, ein furchtbar Heer,
Alles verlassend aus freier Wahl,
Schleifstein und Webstuhl und surrenden Saal,
Amboß und Esse, Eisen und Stahl,
Ja, die Ruh' und das ungekostete Mahl,
Schmettern sie, wettern sie, massig und schwer,
Eine Menschensturzflut, heran!
Durch die Seufzer des Grams und der Kränkung ge-
hetzt,
Die ein wilder Orkan geworden zuletzt –
Halte sie auf, wer kann!
Halte, wer kann, ihren Sturmeslauf,
Halte, wer kann, den Gedanken auf –
O vergeblicher, nutzloser Kampf!
Denn so wahr, als ihr Brüder in allen schaut,
Gleichviel, ob blank oder schwarz ihre Haut:
So wahr durchpulst dies Gestampf,
So wahr diese Menschenwindesbraut
Eine Blutkraft, stärker als Dampf.

Vorwärts nach Westen, vorwärts indessen
Schwärmen sie, finster und still;
Massen, geboren zu trinken, zu essen –
Doch Whitechapels Fleisch lassen *sie* ungegessen,
Und kein Korn für *sie* hat Cornhill!
Durch die Poultry dann – doch kein Huhn im Topf! –
Christliche Liebe, häng deinen Kopf!
Ungespeist, ungetränkt jeder arme Tropf
Durch die Brot-, durch die Milchstraße jetzt!
Und durch Ludgates prächtige Lädenreih'n,

Wo die Seide, die Wolle versprühn ihren Schein,
Hastend zerlumpt und zerfetzt![1]

Endlich, vor jener Pforte Flügeln,
Die nach langem Anpochen nur
Dem Kranken, dem Armen sich entriegeln,
Drängen sie sich, wie Lämmer zur Schur –
O, daß, die als gut und als weise sich blähn,
Die Million doch von hohlen Augen sähn,
Die, von Hoffnung feucht, in die Höhe spähn –
In die Höh' nach der Armenhaus-Uhr!
O, möchten die Kirchspielgewalten,
Die Zeit und Arbeit in Händen halten,
Samt der täglichen Summe von Menschenleid,
Von Schmerz und Entsagung und Müdigkeit,
Das künstliche Zifferblatt wegschleudern weit,
Das zehn oder elf schlägt heiser,
Und sich richten nach jenem ältern einmal,
Das beschienen wird von der Menschlichkeit Strahl,
Und drauf das Herz ist der Weiser!

---

[1] Whitechapel, Cornhill (Kornhügel), the Poultry (der Hühnermarkt),
Breadstreet (Brotstraße), Milkstreet (Milchstraße), Ludgate street und Ludgate
hill – Namen von Londoner Straßen in der Richtung von Osten nach Westen.

Das Lied des Landproletariers

(Nach Thomas Hood)

Ein Spaten, ein Rechen, ein Karst,
Eine Hacke – was es sei!
Ein Tuch zum Sä'n, eine Sense zum Mäh'n,
Ein Flegel – einerlei!
Und hier ist 'ne rüst'ge Hand!
Eine Hand für *jede* Wucht!
Eine Hand, die hart und erfahren ward
In der Arbeit rauher Zucht!

Eine Hand, die den Graben zieht,
Die den Eichbaum kappt oder fällt,
Die aufs schwüle Land die Schwaden legt,
Und umbricht das starre Feld;
Die den Weizenschober deckt,
Die den Roggenschober häuft,
Und nimmer doch – seid unbesorgt! –
Nach Schwamm oder Zündholz greift.[2]

Wann hätt' ich Scheuer und Hof
Zu entflammen je begehrt?
Der Brand, den zu stiften mich verlangt
Ist auf des Hauses Herd!
Ist der Brand, der lustig strahlt,
Wo Kinder wimmeln und schrei'n;
Ist der Brand, um den zur Winterszeit
Sie spielen und sich freu'n;
O, wie anders färbt er ihr bleich Gesicht,
Als flackernder Höfe Schein!

---

[2] Anspielung auf die Schoberbrenner (rickburners), mysteriöse Kornbrandstifter, die zuerst im Herbst 1830, aber auch später in Jahren des Mangels und der Teuerung, der Schrecken der Reichen in den Ackerbau treibenden englischen Grafschaften, namentlich in Kent, waren.

Ihm, der die Dürre schickt
Auf die Flur in seinem Zorn;
Ihm, der die Wiesen ertrinken läßt,
Und den Mehltau wirft aufs Korn:
Ihm stell' ich es anheim,
Zu gebieten seiner Glut,
Daß des Wucherers Garben sie zerschlägt,
Und die Himmel färbt wie Blut.

Ein Spaten, ein Rechen, ein Karst,
Eine Hacke – was es sei!
Ein Tuch zum Sä'n, eine Sense zum Mäh'n,
Ein Flegel – einerlei!
Laßt das Scheit mich hau'n, laßt das Land mich bau'n,
Laßt mich zackern durchs Gefild,
Und flick' ich der Wildbahn morschen Zaun,
Glaubt nicht, ich dieb' euer Wild!

Ja, gebt mir Arbeit nur –
Und seiner Gnaden Reh
Und seiner Wohlehrwürden Haas
Sind sicher, wo ich geh'!
Nicht brech' ich ein beim Lord
Um sein blinkend Silberzeug;
Stoß' den Yeoman, der 'nen Seckel trägt,
Nicht in Graben oder Teich!

Wo immer Arbeit ruft –
Nicht die schwerste schlag' ich aus!
Ich steh' meinen Mann, ich greif' sie an,
Zu entgehn dem Armenhaus:
Wo ein grimm und rauh Gesetz
Schier die Luft mißgönnt dem Kind:
Wo Weiber, vor der Männer Tod,
Schon verdammt zu Witwen sind.

Das nur ist mein Begehr:
Zu verdienen, zwischen Licht
Und Dunkelheit, zu jeder Zeit,

Was zum Leben mir gebricht!
Mein täglich Brot, mein nächtlich Bett,
Mein Speck, meinen Tropfen Bier:
Doch nur von der Hand, die da hält das Land –
Geht mit dem Kirchspiel mir!

Kein Armengeld für mich!
Ich bin des Bodens Sohn,
Durch mein Recht auf Arbeit wohl befugt,
Zu verlangen meinen Lohn!
Was Gaben! – Arbeit gebt!
Hier ein Arm und hier ein Bein,
Die Kraft, die Sehnen eines Manns –
Und ich soll ein Bettler sein?!

Adams Erbe bin auch ich!
Ja, wie niedrig auch mein Los;
Zehrt ihr auch von der Erde Fett,
Und ich vom Magern bloß;
Ist mein Rock auch kahl, meine Kost auch schmal: –
Unser Anrecht bleibt sich gleich!
Und was ich habe, dank' ich Gott,
Ihr Herren, und nicht euch!

Ein Spaten, ein Rechen, ein Karst,
Eine Hacke – was es sei!
Ein Tuch zum Sä'n, eine Sense zum Mäh'n,
Ein Flegel – einerlei!
Zu allem bin ich bereit,
Was ihr ehrlich bieten könnt!
Bin's mit Muskel und Sehn' – und Weh' über den,
Der mir meinen Lohn mißgönnt!

Der allsamstäglich beknappt
Meiner Heller knappe Zahl;
Der den Armen gibt an der Kirchentür,
Doch sie gestern erst bestahl!
Der Schilling, den er zu sparen glaubt,
Wird dem Kargen doch nicht frommen:

Im Spittel oder im Zuchthaus gar
Soll er mir zugute kommen!

Il Penseroso und L'Allegro

(Nach Barry Cornwall)

(Nacht)

Deine lustigen Wasser, o Themse, zieh'n
Ohne Stern, ohne Sonne trüb nun dahin!
Peitscht sie der Wind von Strand zu Strand,
Trägt der Himmel sein todschwarz Leichengewand;
Und der Regen, er prasselt, er fällt mit Macht,
Mehr noch verfinsternd die finstre Nacht.

Mitternacht stirbt! Gemessen und schwer
Von den Türmen donnert ein Ton daher;
Ihre Widerhalle vermengen sich,
»Eins!« aussingen sie feierlich;
Sankt Paul und die andern in seinem Bann
Rufen im Chor einander an.

Spricht wer? – Niemand! – Leis nur und sacht
Übers dunkle Pflaster stiehlt sich die Wacht;
Der Schuldner träumt von des Häschers Halloh;
Die Dirne taumelt auf ihr Stroh;
Und der Dieb und der Bettler lachen laut,
Wie Old Bailey ernst auf sie nieder schaut.

Horch – durch des Kerkers dicke Quadern –
Horch, das Blut in eines Verurteilten Adern!
Er bebt, er fährt auf, (da, schrie er nur?)
Zu finden, daß ablief seine Uhr!
Zu fühlen: sein harrt, wenn die Nacht verrann,
Blinder Tod, das Schafott, und dann – ja, was dann?

Weh', stürmischer Herbst! In den Morgen bang,
Erzene Glocke, wirf deinen Klang!
Sing', o Strom, deinen Klagegesang, den herben!
Klagt Menschen! ein Mensch soll morgen sterben!

Ach, keiner klagt! Ach, jeder vergißt
Des Mitleids Zoll, den er schuldig ist!

(Morgen)

Es graut – es ist Tag – in flammender Pracht
Treibt er zurück die weichende Nacht.
Die Wolken? – sie floh'n. Der Regen? – floh mit;
Und die Straße bebt von der Massen Tritt,
Und Tausende siehst du erwartend steh'n,
Eines Schächers Sterben mit anzuseh'n.

Der Taschendieb ist unter der Menge,
Ernte zu halten im dichten Gedränge;
Der Matros, der Boxer, der Maler dabei,
Der nach Beute geht für die Staffelei;
Und alle fluchen, laut oder still,
Daß der Kerl noch immer nicht kommen will!

Endlich – da kommt er! Das Haupt gesenkt!
Er betritt das Gerüst – er schwankt – er hängt! –
Vorüber die Schau! – Da zieh'n sie hin,
Jeder mit Lachen und leichtem Sinn!
Horch, wie die Glocken so lustig jetzt klingen!
Sorglos die Wellen der Themse springen,
Vöglein auf den Kaminen singen –
Und nun sag', wem's gefällt,
Nicht schön sei die Welt,
Und nicht heller, als gestern, das Himmelszelt!

Drinnen und Draußen

Ein Londoner Idyll

(Nach Barry Cornwall)

(Draußen)

Der Himmel ist wild, und bitter der Wind!
Von den Dächern trieft es! Regen und Schnee!
Draußen, in Lumpen, der Welt arm Kind
Schluchzt durch die Nacht ihren Gram, ihr Weh:
Niemand hört auf sie, niemand merkt auf sie:
Nur der Hunger, ihr Freund, mit der knochigen Hand
Packt ihre Kehle, und flüstert heiser:
»Was kamst *Du* in ein christlich Land?«

(Drinnen)

Wild ist der Himmel, und kalt sein Weh'n; –
Doch drinnen Schwelgen und Üppigkeit!
Sklaven, in Gold und in Scharlach, steh'n
Auf den Wink eines Kindes der Sünde bereit.
Das Feuer knattert, Champagner sprudelt,
Becher und Vasen und Kerzen glüh'n!
Lachender Prasser, gehobne Gläser:
»Ehre!« »Glück!« – und alles für ihn!

(Draußen)

Die der Winter geißelt in ihrem Leide,
O, sie war schön, eh' zur Stadt sie kam;
War des Dorfes Rühmen, der Eltern Freude,
Hatte Frohsinn – Stolz – und der Jungfrau Scham!
Jetzt ist der heulende Sturm ihr Gefährte,
Armut und Elend begleiten sie jetzt;
Nachhallt ein Fluch der verlorenen Tochter –
Sei's! jede Qual hat ein Ende zuletzt!

Der Dirne Leumund war heut' ihr Los;
Doch ihr Los, wenn morgen der Tag erwacht,
Ist das Hadernbahrtuch im Armenhaus –
Und so fährt sie hinab in die staubige Nacht.
Unbeweint, unbeklagt, ohne Sang und Geleit –
Alles vorüber! was will sie mehr?
So laßt sie denn ruh'n in Vergessenheit!
Geht die Welt ihren Gang doch, toll wie vorher!

(Drinnen.)

Er, den sie feiern beim üppigen Mahle,
Er, der sie ansieht so stumpf, so satt –
Er, er warf die Verlass'ne, die Arme
Unter die Füße der stampfenden Stadt.
Lügner – Verräter – so falsch wie grausam –
Was mag der Lohn seiner Niedertracht sein?
Wird er verachtet nur? wird er gemieden?
– Entriegle den Palast, und sieh' hinein!

Dort – und sein Tun ist keiner verborgen! –
Dort, auf Pfühlen von Seide, mit Gold durchwebt,
Harren Mädchen, schön wie der Sommermorgen,
Harren, bis er vom Wein sich erhebt!
Männer, gewichtige, drücken die Hand ihm;
Mütter, sie führen die Töchter ihm zu –
Himmel, wo sind deine reinenden Wasser!
Welt, o wie voll von Wundern bist du!

Das Armenhaus

(Nach Barry Cornwall)

Hart am Saum einer rührigen Stadt
Steht ein viereckt Gebäude, massig und grau;
Von des Kirchspiels Armen wird es bewohnt,
Und sie selbst auch erhuben den finstern Bau;
Und sie drücken ans Eisengitter die Stirn,
Und sie schau'n durch die Stäbe mit trotziger Brau.

Hinter dem Bau liegt ein Rasenfleck,
Den ein Dornzaun scheidet vom Moorgefild;
Nebenan stiehlt ein Gäßchen zum Steinbruch sich,
Den der Regen vieler Jahre füllt;
Aber drin, aber drin! da, in all' ihrer Qual,
Sitzt die Armut, und flucht, und murmelt wild!

Tritt ein! in den Höfen, hoch umwallt,
Messen grimme Männer den nackten Grund;
In die langen, öden Kammern tritt –
Mädchen genug, doch stumm jeder Mund!
Emsig näh'n sie, von früh bis zur Nacht,
Doch kein Lachen erschallt, kein Lied geht rund.

Keine Gemeinschaft im Armenhaus!
In des Armen Brust kein liebend Versteh'n!
Trüb seine herbe Vergangenheit!
Seine Zukunft – kaum wagt er's hineinzuspäh'n:
Brot im Gefängnis, das steht ihm bevor,
Oder Hunger draußen im Windesweh'n!

Wo ist die Lachende, die vordem
Ihren Vater umspielt am ländlichen Hag?
Wo der Knab', dessen Auge der Mutter Licht,
Auf des Haupt ihre segnende Rechte lag?
Getrennt, geschieden, (so will's das Gesetz!)
Abgesperrt voneinander bei Nacht und bei Tag.

O, sie lehren in ihren Schulen viel –
Nur das eine, was die Natur lehrt, nicht!
Nur nicht, was das Kind an die Eltern knüpft:
Nur nicht opfernde Liebe, freudige Pflicht!
O, nichts Gutes lernt man, wo töricht und hart
Der Natur und dem Herzen den Stab man bricht!

Siebenzehn Sommer – und wo das Kind,
Die nicht aufwuchs an ihres Vaters Knie?
Zwanzig Herbste – und wo der Knab',
Den ein Mutterwort unterwiesen nie?
Er, in Ketten, schafft an der Südsee Strand;
In den Gassen bei Nacht ihr Brot sucht *sie*

O Weisheit, o Macht, o Gesetz – blickt herab
Auf die schmachtende Armut von eurer Höh'!
O, trennt keine Herzen, die Gott verband,
Eins zu sein in Wohl und in Weh!
O ihr Ernsten, die ihr am Ruder steht –
Dachtet ihr *dieses* Ernstes je?

O Reichtum, komm und öffne die Hand!
O Mildigkeit, komm und schließe den Bund!
Gib dem Alter, der Jugend! der Liebe gib!
Segne, erfreue, mache gesund!
Doch zu spät! denn ich höre – und morgen schon!–
Der Rebellentrommel fordernden Ton
Schüttern den festen englischen Grund!

Anhang

Kalifornien

1850

Auf sein Lager wirft sich lachend der Gnom:
»Sakrament, ja, der Sakramentostrom!
Ha ha ha, und die Menschheit, die gecke!
Kaum, daß ihrer einer den Bettel entdeckt,
Als gleich Tausende rufen: Hui, das schmeckt!
Und aber Tausende: Fort, daß es kleckt!
Und nun stehn sie alle, vergnügt und bedreckt,
Und wühlen im Dreck nach dem Drecke!

»Und alle Tag' neue! Ja, das ist ein Sporn!
Über Panama, übers Gebirg, um Kap Horn –
Sie kommen von hinten, sie kommen von vorn,
Sie kommen und wollen waschen!
Ich höre sie rutschen, ich höre sie zieh'n –
Gold, Gold, Gold! – Auf Händen und Knien!
Ja, auf allen Vieren! – Und wär' es bespien,
Sie steckten es froh in die Taschen!

»Staub und Körner, und Körner und Staub!
Der Urwald schüttelt sein ewiges Laub,
Die Sonne blitzt – sie sind blind und taub,
Ihr einzig Sinnen der blitzende Raub –
So seh' ich sie schürfen und scharren!
Die Mär El Dorados hat sich erneut:
Wie zu jenen Tagen, so ist es heut,

---

[3] Die hier folgenden drei Gedichte wurden bei der Zusammenstellung der gesammelten Dichtungen aus verschiedenen Gründen vom Dichter unterdrückt. In dieser vollständigen Ausgabe wurden sie, wie billig, aufgenommen.

Wo mit lauterem Gold ihren Weg ich bestreut
Den Cortez und den Pizarren.

»O, wie süß das ist, o wie wohl das tut!
O, du gold'ner Regen, du gold'ne Flut!
Und klebt auch an manchem Korne schon Blut,
Es wird euch die Brust nicht verengern!
Nur zu, nur zu! So war es von je –
Nicht, o Menschheit, verwitterte Danae,
So lässest du gerne dich schwängern?

»Halt auf deinen Schoß! laß ein den Zeus!
Empfange, mein Schätzchen, und nicht bereu's!
Auch der Erdgeist ist Gott und ist Schöpfer!
Wer weiß, was die selt'ne Umarmung uns bringt?
Ob ihr nicht ein neuer Perseus entspringt,
Der mit markigem Schwunge das Richtschwert
schwingt,
Ein jüngster Medusenköpfer?

»Ein Heros, dröhnend von Gang und schwer,
Der von all' deinen Ufern, o stilles Meer,
Der von all' deinen Palmeninseln her
Um die Erde schreitet in flammender Wehr,
Der gewaltigste Sproß meiner Lenden?
Der, wo immer dräut ein umschlängelt Haupt,
Ob es Fesseln blickt, ob es Hunger schnaubt,
Die versteinernde, tötende Kraft ihm raubt,
Und die Zeiten sich lässet vollenden?

»Der da spricht: du wallende Südseeflut,
Schon zu lange hast du tatlos geruht –
An dein Werk jetzt! ich hab' dich mit fröhlichem Mut
Der Geschichte, der Bildung entriegelt!
An dein Werk jetzt! du Becken schimmernd und rein
Sollst in meinen Händen der Spiegel sein,
Drin die Gorgo des Alten im Widerschein
Zur Enthauptung blöde sich spiegelt!

»Ja, so wird es geschehn! O, du künftiger Held,
O du neu anbrechender Tag der Welt,
Schon seh' ich empor dich steigen!
Aus der Felsenberge nacktem Gestein,
Auf die harrenden Meere brichst du herein,
Dem Chinesen schon dämmerst du und dem Malai'n,
Bis zum Indus schlingt sich der Völkerreih'n –
Ja, ich werd', ich werde dich zeugen!

»Ich werd' es! – denn nicht an das Eskurial
Werf' ich heut mich weg und den toten Ural:
Das Despotentum ist ein faul Gemahl –
Es empfängt, doch nicht mag es gebären!
O, wie anders ein Schoß, der voll Lebens quillt,
Der, befruchtet, von neuen Gestaltungen schwillt:
In ein jugendlich *Volk* heut' ergieß ich mich wild –
Und es wird meiner Glut sich bewähren!

»Drum, du närrische Menschheit, drum scharre nur zu!
Ich dein Zeus, meine Danae du!
Komm, den Perseus gezeugt ohne Rast, ohne Ruh',
Meine Lüsterne, meine Kleine!
Zwar – du wirkst dir die Zukunft nur halb bewußt,
Du denkst nur der augenblicklichen Lust –
Doch du schaffst eben doch, was du schaffen mußt!
Da, mein Liebchen, wiederum Steine!«

Und er bricht sie aus seinem blitzenden Dom,
Und er wirft sie empor, der mächtige Gnom;
Tief, tief unter'm Sakramentostrom,
Da macht er Geschichte, der Hehre!
Nicht lang' wird es währen, dann ruft er: Ha!
Denn die Wurzeln der Berge fern und nah,
Sie erbeben, sie zucken: – durch Panama
Ineinander donnern zwei Meere!

Ein Umkehren

1792

Vom Meer heran der Abend graute,
Aus Dampf und Dunst die Möwe schrie,
Verdrossen auf die Brandung schaute
Der gelbe Strand der Normandie.
O nachtumfloss'ne Wasseröde!
Ein einsam Boot lag auf der Reede,
Ein ruppig Ding zur Küstenfahrt.
Am Bord ein paar Matrosen keuchten;
Man zog die Segel auf, die feuchten,
Und sang dazu nach Schifferart.

Am wüsten Ufer unterdessen,
Die Haare naß vom Wellenhauch,
Auf Steinen hat ein Mann gesessen,
Ein kleiner Mann mit großem Aug'.
Er läßt es irren, läßt es schweifen;
Zu den zerriss'nen Wolkenstreifen
Aufhebt er die geballte Faust;
Fährt in die Höh', spricht laut und strenge;
Bedräut die Flut, wie eine Menge,
Die einen Rednerstuhl umbraust.

Dann wieder mit gesenkten Brauen
Setzt er sich hin; was mag ihm sein?
Was, außer Meer und Mast und Tauen,
Sieht er auf seinem harten Stein?
Wenn du es wissen willst, so höre: –
Er träumt von einem andern Meere,
Beschwört ein ander Meer, als dies!
Er schaut, das selber er bewegte,
Das selber er als Sturm durchfegte,
Das wild empörte Meer Paris!

Er sieht die Plätze, sieht die Gassen –
Da brandet es wie Ebb' und Flut,

Da wogen ab und zu die Massen,
Da kocht das heiße Frankenblut.
Die Piken und die Säbel blitzen,
Auf schwarzen Haaren rote Mützen,
Trompetenruf und Fackelbrand!
Den Knaben sieht man Waffen tragen,
Die rauhe Trommel wird geschlagen,
Die zornige, von Frauenhand!

Die Glocken rasen auf den Türmen,
Vordringt das Volk mit wüt'gem Schrei!
Ha, das ist der Bastille Stürmen,
Das ist des Marsfelds Metzelei!
Geschützesdonner, Flintenknattern!
Des Volkes junge Fahnen flattern –
Die erste dort, wer schwingt sie nur?
Das ist, auf rasselnder Kanone,
Die Lächelnde, die Amazone,
Das stolze Weib: die Mericourt! –

Ja, das die Woge, die zu wecken
Er donnernd losbrach in den Klubs;
In den Spelunken, an den Ecken
Umringt von Sanskulottentrupps.
Das kämpft und gärt auf diesem Meere –
Sieh' da, Camille und Robespierre!
Sieh' da, und Dantons Löwenkraft!
Ein Tisch, ein Stuhl die Rednerbühne –
Nun schwingt auch er sich auf, der Kühne:
Die menschgewordne Leidenschaft!

Ja, das die Woge, die zu wecken
Er unablässig hob die Hand!
Die Flut, auf die er seine kecken
Sturmvögel täglich ausgesandt!
»Der Freund des Volks« – durchs Hagelwetter
Hinflatterten die grauen Blätter,
Sturmfrohen Nordsee-Möwen gleich!
Anfeuernd, mahnend, stachelnd, fluchend –

Und dennoch einzig, einzig suchend
Den Friedens-, den Olivenzweig!

'S ist Marat, ja! der Große, Gute!
'S ist der geächtete Tribun!
Das Haupt, das lang in Kellern ruhte,
Ruht aus am Meergestade nun!
Verkannt, geschmäht, verfolgt, geflüchtet –
Es ist vorbei, er hat verzichtet,
Er wählt des Elends bitter Brot!
Er schickt sich an, in See zu stechen –
Mag auch sein Herz in England brechen:
Gleichviel – dort liegt das Schmugglerboot!

Er springt hinein: »Nun, Schiffer, rüste!«
Da schwebt der Anker sacht empor.
Ein einz'ger Blick noch nach der Küste –
Da, was geht in dem Starken vor?
Er weint, er schluchzt, er winkt zum Strande,
Er ruft: »Zurück! Zurück zum Lande!
Verläßt die Mutter auch der Sohn?
Gescheh', was will!« Er wirft sich nieder,
Er küßt den Sand: »Da, nimm mich wieder!
Nimm mich, o Revolution!«

Und nun, die Feinde auf den Hacken,
Und nun, auf Wald- und Wiesensteg
Allzeit das Messer überm Nacken,
Zurück, zurück den langen Weg!
Im Korne muß er sich verstecken,
Muß sich verkriechen hinter Hecken –
Bis, die ihn gestern tat in Bann,
Er wieder in die grauenhafte,
In die bis auf den Grund zerklaffte
Meerflut Paris sich stürzen kann.

Was wird sie ihm zutage tosen? –
Nun ja, wir haben's lang gewußt!
Wir hörten lang von seinen Losen –

Zuerst den zehnten des August!
Dann den Konvent, und dann den Schrecken!
Dann, in des Henkers blut'gem Becken,
Dein Haupt, o schuldiger Kapet!
Die Girondins auf dem Schafotte,
Das blanke Messer der Charlotte – –
Da, seht ihm nach! – *Er muß – er geht*!

24. Juni. – 24. November

Nach Delphine Gay de Girardin.

So sei's! Vor Gott, vor Gott will ich, ich ihn verklagen!
Weib, Törin, Muse nur – dennoch will ich es wagen!
Denn mein französisch Herz hat schaudernd sich em-
pört;
Der Wahrheit hehrer Geist ist in mir eingekehrt;
Begeisternd Fieber fühl' ich quälend heim mich suchen
–
Ich hör' in meinem Schlaf die Mütter ihn verfluchen,
Und was in Demut auch beschloß die Schmeichlerbrut
–
Ich seh' es: über ihn allein kommt all' dies Blut!

Ich sag', ich sage euch: die Nemesis ist träge!
Er, er allein goß Blut, Frankreich, auf deine Wege!
Denn Blut, französisch Blut, gilt diesem Mann nicht
viel,
Was ist ihm unser Tod? Ein Stich in seinem Spiel!
Ich schrei' aus tiefer Brust – und wahr ist, was ich dich-
te!
Ich hasse die Partei'n, ich hab's mit der Geschichte!
Bewiesen hab' ich es: nur Frankreich ist mein Stern!
Könnt' er *dem* Retter sein: o ich vergäb' ihm gern! –
Doch sag' ich wiederum: *Schuldig*! ist mein Erkenntnis –
Erdrückt, verdammt ihn nicht das eigene Geständnis?
Indessen die Gefahr emporwuchs um uns her,
Indes die Freunde tot hinstürzten – was tat er?
Gerieselt kam das Blut in Strömen, in Kaskaden,
Bis zu der Häuser Stirn stiegen die Barrikaden,
Ha, wie die rote Glut im Kreis die Stadt umlief!
Der Tod hielt Wache rings! – Er aber schlief! – Er
schlief!
Daß den Verteidiger des Volkes man erhebe!
Hoch der Endymion des Bürgerkriegs! Er lebe!

Ihr sagt: der Schlaf im Feld ist ja der Stolz der Helden,
Der Helden? – Sei's! doch nie der Henker, hört' ich
melden!
Napoleon schlief sanft die Nacht vor einem Sieg –
Wohl, das war eben Mut, und Krieg ist immer Krieg!
Er hatte sich den Feind gewählt für seinen Degen –
Im Bürgerkriege nie würd' er zur Ruh' sich legen!
Sie schliefen, General! Ach, und wir armen Frau'n,
Wir, die das Feld nicht stählt, wir in dem blut'gen
Grau'n
Der langen Kampfesnacht, drin alle Kugeln trafen –
Wir, Feldherr, beteten; wir haben nicht geschlafen!
Pfui! – Wie doch Ihrem Ruhm *der* Schlaf die Kron' auf-
setzt!
Mit Lächeln honigsüß, mit Worten wohlgesetzt
Empfingen Sie für ihn, hoch auf der Rostra Stufen,
Der ernsten Assemblée vereintes Bravorufen!

Ihr, die für hehren Tod ihr ihm verpflichtet seid:
Sein schönstes Opfer du, Martyr im Priesterkleid!
Du nachgebornes Kind, Bluterbe düstrer Jahre –
Zu frühe Waise du, gewiegt auf einer Bahre!
Entzweite Brüder ihr! Jungfrauen! bleich, verzagt;
Die ihr als einz'gen Schmuck blutfeuchte Palmen tragt!
Ihr alle, die ihr ihn anklagt vor Gottes Throne,
Die er für ew'ge Zeit getrennt mit kaltem Hohne:
Gattinnen, Schwestern ihr! Und du in deinem Schmerz
Gebeugtes, zuckendes, zerriss'nes Mutterherz;
Du, das jetzt keinen Sohn mehr hat, als kalte Knochen –
Hat jener Bravoruf sich Bahn zu *Euch* gebrochen?!

Köln, 3. Dezember 1848.

Zwei poetische Episteln

1852.

An Joseph Weydemeyer
1.

London, den 16. Januar 1852

Die Muse, willst du, soll zu raschem Fluge
Den Renner schirren und nicht länger träumen;
An deiner Pforte, wünschest du mit Fuge,
Soll mein versprengtes Flügelroß sich bäumen;
Ach, »lieber Freund und Redakteur« (wie Ruge
An Heinzen schreibt) zum Satteln und zum Zäumen
Des allzeit mut'gen, wenn auch arg gehetzten,
Sind wahrlich schlechte Zeiten diese letzten.

Deutlich zu sein: Du hörtest von den Taten,
Die zu Paris verrichtet Bonaparte!
Der Biedre zählt nun zu den Potentaten,
Und der Messias, den die Welt erharrte,
Der rote Mai, ward von den Herrn Soldaten
Im Mutterleibe schon gewürgt: – Erwarte
Bei so bewandten kitzlichen Geschichten
Ein Lied von mir, o Teuerster, mit nichten!

Keins wenigstens, das tollkühn prophezeite,
Wie ich vordem zu prophezeien pflegte,
Als (Ein Exempel nur!) von allem Streite,
Der achtundvierzig froh die Welt bewegte,
Ich sechsundvierzig schon in ep'scher Breite
Ein treues Bildnis ihr zu Füßen legte,
Und später dann, als Sieg durch Deutschland gellte,
Warnend den Umschlag auch vor Augen stellte.

Wie damals zwar, so hab' ich jetzo auch
Von dem, was sein wirk, allerlei Gesichte;
Bin ich zu Haus doch, wo bei jedem Strauch

Ein Spoikenkieker steht und Vorgeschichte
Sieht und doziert im fahlen Heiderauch –
Doch wolle nicht, daß diesmal ich berichte,
Was sich mir dargestellt: die Sachen liegen
Dennoch verzwickt – der Beste kann sich trügen.

Und darin, ich gesteh' es, bin ich eitel,
Ungern, höchst ungern möcht ich mich blamieren,
Ungern, höchst ungern von der Dichterscheitel
Des Prophezeiers Lorbeerkranz verlieren!
Ich bin nicht, wie die Herren, die mit *Beutel*
Und Schwert bis überm Ozean hausieren;
Die bei den Negern selbst nach »Heu« und »Moos«
gehn,
Leichtsinnig sprechend: »Morgen kann es losgehn!«

»Kann – heißt das: wird! – Ja doch, schon Februar,
(Warum denn Mai erst?) wird es sich begeben!
Wir zelebrieren auf den Tag dies Jahr
Das alte durch ein neues Schilderheben!
Doch – Bürger, Freunde, Brüder! – Eins ist klar:
Der Nerv der Dinge noch fehlt unserm Streben;
Einzig der Dollar hilft ihm auf die Beine: –
Ihr wünschtet, Brüder, wie viel Int'rimsscheine?

»Wohl garantierte! Zwar, die Nation
Gab kein Mandat uns, Anleih'n auszuschreiben:
Indes, die Gute muß bestät'gen schon
(Im Februar!) und darf nichts hintertreiben!
Denn unser wird die Revolution,
Die zweite, sein und – unser wird sie bleiben –
Schon, weil die erste wir (wie unbestritten!)
So wunderschön Verfahren und verritten!

»Schon teilten wir die Stellen brüderlich;
Bereit ist alles – bis auf euren Segen!
Drum in die Tasche greife jeder sich:
Wer seinen Beutel zieht, der zieht den Degen!
Es ist so gut, als trotzt' er Hieb und Stich,

Als hielt er Stand im ärgsten Kugelregen!
Er ist, wie wir, Held und Apostel eben–
Und alte Sünden gar sei'n ihm vergeben!«

O Tezel, Tezel! Nicht durch Ablaßzettel
Wirfst du der Freiheit Feinde übern Haufen!
Kein Thron annoch fiel nieder durch den Bettel!
Die Revolution läßt sich nicht kaufen!
Du machst das wilde, stolze Weib zur Bettel;
Von Tür' zu Türe lässest du sie laufen,
Den allzeit off'nen Ranzen um die Lenden,
Und den bekannten Teller in den Händen!

Das ist die Hohe nicht, die wir verehren!
Die liegt zur Zeit gebunden und im Staube,
Die ballt die Faust auf mod'rigen Galeeren,
Zerweht das Haar, zerfetzt die Phrygerhaube;
Die trägt am Leibe Wunden, Striemen, Schwären,
Die kann dir sagen (kalt und kühl, das glaube!),
Wie heiß die, Sonne Nukahiwas brenne,
Und »wo der Pfeffer wächst,« – der von Cayenne!

Die schweift allein mit sich und ihrem Zorn;
Achtlos, ob man sie lobt, ob man sie schmäht!
Die setzt von ihrem Haupt nicht Dorn um Dorn
In Taler um und Popularität!
Der ist ihr Elend nicht der Wiesenborn,
An den: sie lächelnd, ein Narzissus, steht
Und Toilette macht. – Wie? – C'est selon:
Bald für die Kneipe, bald für den Salon!

Die wimmert nicht, zum Nutzen und zum Frommen
Der Republik, mit Kandidaten-Stimme;
Die wartet still, bis ihre Zeit gekommen –
Und dann erhebt sie sich mit Löwengrimme,
Und nimmt sich wieder, was man ihr genommen,
Und, ob das Estrich auch im Blute schwimme,
Sie wandelt fest auf den zerriss'nen Sohlen –
Denn ihre Schnellkraft liegt nicht in Obolen!

Denn – aber halt! wohin, o milde Leier,
Verirrst du dich? Ich wollte ja nur sagen,
Daß ich als Wecker und als Prophezeier
Nicht dienen kann in diesen letzten Tagen;
Doch daß ich gern, o Freund und Weydemeyer,
(Wenn anders meine Verse dort behagen)
Durch minder kühne Lieder und Berichte
Dein jugendliches Feuilleton verpflichte.

Als zum Exempel: – Literatur und Kunst
Stehn jetzt in Deutschland wieder sehr im Flore;
Um Rhein und Elbe mit erneuter Brunst
Lobsingt Apollo samt der Musen Chore;
Manch' edler Sänger freut sich hoher Gunst;
Lyrik und Drama ziehn durch gold'ne Tore
Heim zu den unsern; breit und pachterlendig
Pocht der Roman auch an, dreimal dreibändig.

Wie wär' es, Freund (und Redakteur), wenn diese
Und andre Dinge manchmal wir besprächen;
Wenn wir daheim auf der beblümten Wiese
Hier einen Speer, dort eine Dolde brächen
Wenn wir gelassen (niemals mit Malice!)
Nach jedes Strohmanns hohlem Wanste stächen,
Der übern Weg tappt mit den plumpen Fersen –
Natürlich, alles in den schlanksten Versen?

Die Sache scheint dir sonderbar; indessen
Seit junge Blätter der Olive sprießen,
Läßt sich am besten noch von den zwei Messen
Auf Politik und Leben bei uns schließen;
(Bierhäuser freilich sollt' ich nicht vergessen –
Doch darf für uns in Deutschland Bier jetzt fließen?)
Drum, schrieb' ich auch nur literarisch-kritisch,
Würd' es am Ende dennoch wohl politisch.

2.

Uns jüngste Reimer gründlich zu kurieren
Von allem Dünkel der Poeterei,
Muß unser Stern uns an die Themse führen –
Nicht in den Dichterwinkel der Abtei,
(Nur wen'ge sind, die Besserung dort spüren,
Wie kalt und vornehm auch das Auge sei,
Mit dem, hervor aus ruhigen Marmorbrauen,
Die stolzen Toten auf uns niederschauen!)

Nein, in die Straßen, in die pochenden Adern
Der Riesenstadt, die blut- und lebenvollen:
Auf ihre ewig wiederhallenden Quadern;
In ihr Getös, in ihrer Räder Rollen;
In all' ihr Brausen, Rufen, Reden, Hadern;
In ihren Strom, den hastigen, den tollen,
Von Wandelnden, die auf Und ab die breiten,
Zwei Heeren, gleich, bis Mitternacht durchschreiten!

O, deutscher Dichter, wer fragt hier nach dir?
Und prangtest du im Lexikon von Brockhaus,
Und druckte Cotta dich in Miniatur,
Und ziertest du sogar einmal das Stockhaus,
(Wie sonst ein Damen-Album!): – gilt das hier?
Geh' nach Wisconsin doch, geh' in ein Blockhaus!
Du bist dort minder aus der Welt, fürwahr!
Als zwischen Charing Croß und Temple Bar!

Das heißt, dafern du lächelnd es verschmähst,
Dein bißchen Ruf im Aufstreich auszubieten;
Dafern du nicht von Tür zu Türe gehst,
Ob sie vielleicht dein Lorbeerbäumchen mieten
Für ihre Routs; dafern du ferne stehst
Den Drawing Rooms (Gott wolle dich behüten!)
Auf deren Teppichen – just für eine Season! –
Der jüngste Löwe feiernd wird gewiesen!

Hans Christian Andersen – hier rag' ein Stein
Für dich, mein Däne! Stattlich und gesegnet
Warst du als Leu! Fünf Jahre mögen's sein,
Da bist du in Old Broadstreet mir begegnet;
Ich kannte dich am schlotternden Gebein
Von ferne schon – es hatte grad geregnet,
Und war sehr glitschig. »Halt, Freund, grüß' dich
Gott!«
Rief ich dir zu; »und wann auf einen Pot

»Vom besten Stout und eine Hammelkeule
Kommst du hinaus zu mir und meiner Frauen?«
Du standest sinnend eine kleine Weile,
Und sahst mich an mit deinen ostseeblauen
Wäss'rigen Augen, zappelnd wie vor Eile.
Sodann: »mein Herr –? ein Deutscher Wohl –?« Die
Brauen
Zog ich zusammen, als ich mich dir nannte –
Dir, der mich' einst an meinem Herde kannte!

(Zwar hatten mich seitdem der Götter Launen
Tüchtig geknufft – ich war gefloh'n aus Preußen –
Et Cetera!) – Du warst nun ganz Erstaunen,
Und sprachst in Worten, die gesetzte heißen:
»Sie machten, Bester, vormals einen braunen
Eindruck auf mich, doch jetzo einen weißen!
Sie sind viel blasser als zu St. Goar,
Und wissen nun, warum ich grob fast war!

»Hinaus zu Ihnen –? Ja, wenn nur die Zeit –
Hier ist mein Taschenbuch! O Gott, ich seh',
Ich bin versagt auf einen Monat! Heut'
Speis' ich bei Hambro (er ist mein Bankier!),
Bei Rothschild morgen! Ach, es ist ein Leid;
Ein Elend ist es! – dann die *haute volée*:
Graf Reventlow läßt mir nur selten Ruh',
Und Lady Palmerston auch sagt' ich zu!

»Lady Duff Gordon – Ach, wenn Sie nur wüßten,
Wie überall die Damen mich verehren!
Die Trefflichen! Bei Juden und bei Christen,
Sind sie sich gleich: sie wollen Märchen hören!
Ach, wie das zündet in den jungen Brüsten,
Wenn Bleisoldaten, Flöhe, gelbe Möhren
Ich reden lasse! Täglich, nassen Blickes,
Ruf' ich: Verdien' ich's denn? Zu viel des Glückes!«

Ich ernsthaft drauf: »Sie waren doch nicht minder,
Mit Recht Verehrter bei der Königin?
Kein Zweifel wohl: Sie wirkten auf der Kinder,
Der allerhöchsten, leicht erregten Sinn
Durch Märchen auch? Es heißt, der Hofbuchbinder
Zog durch Ihr Schaffen reichlichen Gewinn:
Drum kennen Sie gewiß die Hintertüre,
Von der man sagt, daß sie den Künstler führe

»Hinein zum Buckingham-Palast?« – O Schmerz!
Ein flüchtig Rot huscht' über deine Wangen;
Du hobst die Hand, wie schwörend, himmelwärts,
Und hauchtest: »Nein, ich wurde *nicht* empfangen!
Doch ist's nicht *meine* Schuld! Frei weiß mein Herz
Von allem Vorwurf sich! Ich bin gegangen
Vor jedes Tor! Selbst »mein Minister« lief!
Hat nicht Prinz Albert längst mein Kreditiv?

»Hat nicht –? doch still, ich wasche meine Hände!«
Ach, armer Freund, mit ruhelosem Geist
Bist du nach Schottland, bist du bis ans Ende
Der Welt dem »Hofe« damals nachgereist!
Am Saum der Seen, im Grau'n der Felsenwände
Hast du (vergebens doch!) ihn bang umkreist –
Statt, ein Poet, bei Ayr-shire Birkenbäumen
Von Burns, dem Dichter hinterm Pflug, zu träumen!

Ich sah dein Bildnis im Kristallpalast:
» *A bust in plaster*« heißt's im Katalog!
Von Jerichau! Verlassen hielt es Rast:

Wo jetzt der Flatterschwarm, der dich umflog
Zu jener Zeit? Ich war der einz'ge fast,
Der aus dem bunten, wimmelnden Gewog
An dich herantrat, und erfreut dich grüßte –
Kein Kultus sonst, o Freund, vor deiner Büste!

Doch nun Ade – dir und dem Löwentume!
Ich bin nur Bär! Bär brumm' ich durch die Massen,
Und gleiße nicht mit meinem »Dichterruhme«,
Dem schön zerwetterten, durch Londons Gassen:
Den »Flüchtling«, meinst du, könnt' ich doch als Blume
Der Passion im Knopfloch prangen lassen?
Ich dächte gar! Was bin ich diesem Volke?
Hinschreit' ich ruhig unter meiner Wolke!

Und stähle mich an diesem mutigen Leben,
In das aufs neue mich mein Schicksal warf;
Das unerbittlich mich in frisches Streben
Und Tun hineinspornt, hart und rauh und scharf!
Das meine Träume, meine Lieder eben
So wenig kennt, als ihrer gar bedarf:
Das, achtlos meiner »Lorbeern«, an mir rüttelt,
Und mich – entwurzelt? – nein, nur fester schüttelt!

– Sieh da, Freund Redakteur! Ich wollte dich
Von andern Dingen zwar noch unterhalten,
(Den Almanach der Musen namentlich
Gedacht' ich heut' in deinen werten Spalten
Noch zu beleuchten!) doch schon rüstet sich
Zur nächsten Postfahrt die »Europa«. Wallten
Nicht ihre Wimpel, ihre Dämpfersäulen
Meerwärts schon morgen, dächt' ich an kein Eilen!

So aber brech' ich ab, und was im Schilde
Ich sonst noch führe, folgt »in Bälde« nach;
Vor allen Dingen das Produkt der Gilde,
Der Dichterzunft: der Musenalmanach!
Herr Gruppe gibt ihn jetzt heraus; mit Milde
Bringt er den Zünftler unter Dach und Fach!

Ein hübsches Bildchen (wen es interessiert!):
Die Gruppe, die um Gruppe sich gruppiert!

Scherzhaftes

Älteres und Neueres

1837 – 1875

Herrn Adolf Rocholl am Tage seiner Vermäh-
lung mit Fräulein Henriette Böddecker

17. August 1837
freundlich gewidmet von einem alten Freunde.

Ford're niemand mein Schicksal zu hören,
Wem die Hochzeit heut' wonnevoll winkt!
Mord und Brand! Könnt' ich Geister beschwören
Daß ihr Flügel zum Feste mich bringt!
Fest gekettet, verweil' ich in Barmen,
Sitz' am Pulte, beklext und bestaubt;
Ach, und senden nur kann ich ein Carmen,
Wo ich selbst zu erscheinen geglaubt!

Keine Hoffnung ist Wahrheit geworden!
Euch zu grüßen mit Hand und mit Blick,
Euch zu singen in weichen Akkorden
Eurer Liebe beseligend Glück;
Dann zu trinken, zu jubeln, zu rufen,
Von den Kränzen der Freude umlaubt –
Nichts erreicht' ich! – Mit feindlichen Hufen
Trat das Schicksal mein Hoffen aufs Haupt!

Auf den Schnellwagen dacht' ich zu steigen,
Fuhr im Geist schon durch Unna, durch Werl; –
Lasset mich meinen Namen verschweigen,
Ich bin nichts, als ein trauriger Kerl!
O mein Cerebrum, dich nur beklag' ich;
Ja, du wirst eines Räuschchens beraubt!
Nur gedruckt, ach! zur Hochzeit hin trag' ich
Meinen Schmerz und mein nüchternes Haupt!

Und – doch halt! – Ihr, die Liebe verbindet,
Gern verzeiht Ihr den harmlosen Scherz!

Ob mein Mund, ob dies Blatt es verkündet,
Eurem Feste schlägt freudig mein Herz!
Geht durchs Leben, das Glück im Geleite,
Stets, wie heute, von Myrten umlaubt!
Fünfzig Jahre so fröhlich, wie heute!
Warm das Herz, und nie alternd das Haupt!

Dem Brautpaare

Herrn Pastor Keßler und Fräulein Charlotte
Gallhof '
Zum Polterabend am 13. August 1838

(Mit der Lithographie nach R. Jordans Gemälde: Der Heiratsantrag auf Helgoland.)

Melodie: Das Schiff streicht durch die Wellen usw.

Das heiß' ich eine Gruppe!
Fidolin!
Ein Bursch' wie eine Puppe!
Fidola!
Von Schalkheit voll die Dirn',
Und der Alte
Ohne Falte
Im Gesicht und auf der Stirn!
Fidolin, Fidolin, Fidola!

Er spricht: »Du kannst ihn nehmen!
Fidolin!
Blick' auf! Wozu dich schämen?
Fidola!
Hübsch ernsthaft, Sapperlot!
Sieh', mein Engel,
Just ein Bengel,
So wie dieser tut dir not!
Fidolin, Fidolin, Fidola!

»Die Lippen ohne Tadel!
Fidolin!
Im Auge welcher Adel!
Fidola!
Ja, Kind, betracht' ihn nur!

Auf und nieder
Welche Glieder,
Und wie strack die Positur!
Fidolin, Fidolin, Fidola!

»Der wird dir eine Stütze!
Fidolin!
Wie stolz sitzt ihm die Mütze!
Fidola!
Die Stiefel, welche Pracht!
Stiefel, daß er
Gehn ins Wasser
Kann bei Tag und bei der Nacht!
Fidolin, Fidolin, Fidola!

»Drum frisch! Wozu dich schämen?
Fidolin!
Du darfst ihn halt schon nehmen!
Fidola!
Wer ist so gut, wie er?
Deinen Nachen
Keck mit Lachen
Führt er mannhaft übers Meer.
Fidolin, Fidolin, Fidola!«

Der Alte hat's gesprochen!
Fidolin!
Und sieh', nach wenig Wochen,
Fidola!
Da ziert ein Brautgewand
Schon die Kleine,
Nun die Seine,
Und entzückt war Helgoland!
Fidolin, Fidolin, Fidola!

Mit Flöten und mit Geigen,
Fidolin!
Sein Jubeln zu bezeigen,
Fidola!

Kam alt und jung herbei,
Musizierte,
Gratulierte,
Brachte Gaben mancherlei,
Fidolin, Fidolin, Fidola!

So ging es dort am Meere,
Fidolin!
Und heut', bei meiner Ehre!
Fidola!
Geht's hier, wie dort am Strand:
Lust'ge Leute,
Schmucke Bräute!
Auch in Soest ist Helgoland!
Fidolin, Fidolin, Fidola!

In seiner Art, versteht sich!
Fidolin!
Allein die Sache dreht sich,
Fidola!
Ums Freien einzig doch, –
Drum gesungen,
Drum gesprungen,
Unser Brautpaar lebe hoch!
Fidolin, Fidolin, Fidola!

Drei Sonette an Karl Buchner

1.

Am Mittelrheine, zu der Lorlei Füßen,
Wo bei den Heiden weiland Sankt Goar
Der erste Christ und Salmenfänger war,
Da schwingt sich auf ein heiterernstes Grüßen.

Es fliegt nach Süd, wo Hessens Buchen sprießen;
Dort steht bekränzt ein stiller Hausaltar,
Und jubelnd drängt sich froher Kinder Schar,
Die, selbst ein Festkranz, blühend ihn umschließen.

Dort senkt es sich, dort macht es freudig Halt;
Es flog ihm zu auf wohlbekannten Wegen,
Und fand im Suchen seine Stätte bald.

Und recht von Herzen ruft es ihm entgegen
(So laut, daß rings die Grafenstraße schallt):
Zum schönsten Feste Glück und Gottes Segen!

2.

Die Grafenstraße! – Nennt sie sich von Grafen?
Und welch' ein Graf denn hat sie wohl gehoben?
Oft fragt' ich so; doch kann ich just nicht loben,
Daß meine Fragen kund'ge Deutung trafen.

Jetzt ward mir's klar! Ich hört' in ihrem Hafen
Fernab die Welt und ihre Wellen toben;
Sie gab mir freundlich echter Freundschaft Proben;
Sie sah mich lachen, weinen, trinken, schlafen!

Drum muß ich's wissen nach der Dinge Laufe,
Und weiß es auch, und gegen Wild- und Raugraf
Will ich's verfechten, ernstlich und im Spaße:

Es hob die Gute weiland aus der Taufe
Nicht Telegraf, nicht Geograf, nicht Gaugraf –
Sie ist, gottlob, die *Auto*-Grafenstraße.

3.

Noch ein Sonett? Daß uns Apoll behüte! –
Ich bitte sehr! nur dies noch ist im Sack!
Es geht mir just im Gratulantenfrack,
Wie jenem Heros der Studentenmythe!

Der trug einmal aus lauter Hast drei Hüte:
Kopf unterm Strohhut, preßt er links den *Claque*,
Indes die Rechte, nach der Zeit Geschmack,
Mit rundem Filze grüßend sich bemühte.

So keucht' er an auf feierlicher Stätte,
Verspätet freilich und verlegen zwar,
Doch fromm bedacht, daß seine Seel' er rette!

Ich fürchte sehr, ich gleich' ihm auf ein Haar:
Drei Hüte nicht, doch leg' ich drei Sonette
In später Eil' auf deinen Festaltar.

Die Schlacht auf Marienberg

4

November 1843.

Es hatten letzthin sich die Weine verschworen,
Das Garaus zu machen den Wasserdoktoren;
Sie rebellierten flott;
Sie goren in allen Kellern,
Und machten ein Komplott.

Die sämtlichen Heimer und Steiner und Berger,
Sie riefen: »Der Teufel ertrage den Ärger!
Wir haben die Kerle satt!
Ums Leben woll'n wir sie bringen
Zu Boppard in der Stadt!

»Dort sind sie versammelt, dort halten sie Sitzung,
Ach, ohne Beglänzung und ohne Bespitzung!
Dort hocken sie trist und dumpf,
Und wollen die Menschheit bringen
Durch Wasser auf den Strumpf.

»Sie haben für alles die Tauf' ihr geraten –
Ja, das sind mir Paten, die Hydropathen! –
Sie haben das ganze Jahr
Es heuer regnen lassen –
Da wurde der Wein doch rar!

»Gern möchten sie ganz uns verbannen vom Rheine!
Drum auf in die Schlacht, und nach Boppard, ihr Wei-
ne!
Zu Boppard auf den Ball,
Da wollen wir sie bekämpfen,
Da bringen wir sie zu Fall!«

---

4 Bei Gelegenheit der zweiten Jahresversammlung des Vereins für Wasserheil-
kunde, 1. bis 3. November 1843.

So hat sich die gärende Bande verschworen,
Doch ging den Doktoren der Mut nicht verloren;
Sie riefen: »Kommt nur an!
Hiebfeste sind wir alle,
Steht jeder seinen Mann.«

Sie haben's versprochen, sie haben's gehalten!
Anrückten die Weine, die neuen, die alten,
Allein kein Doktor blieb!
Schwang jeder zornig den Römer,
Floh keiner einen Hieb!

Und schäumte der Feind auch: nach kurzen drei Tagen,
Da war er total aus dem Felde geschlagen –
Blieb übrig nicht die Spur!
Und alles, ganz natürlich,
Zum Besten der Wasserkur!

So wurde der Plan der Rebellen zu nichte,
So endete glorreich die ganze Geschichte,
Bezwungen ward der Wein!
Und o, die edlen Kämpfer –
Sie zwangen ihn ganz allein!

Drum Ehre den Tapfern, den Guten, den Klugen,
Die also für uns in die Schanze sich schlugen
Mit unverzagtem Mut!
Vivat die Wasserdoktoren! –
Jetzt schwingen wir den Hut!

Custodi!

5

Zum 11. März 1850.

> »*Des Lebens Unverstand mit Wehmut zu genießen, ist Tugend und Begriff.*«

Froh zum Werke der Ernährung
Bei der ersten Frühdämm*e*rung
Hebt der Kustos sein Gebein;
Fährt sodann mit beiden Händen
In des weiten, wohlhab*e*nden
Schlafrocks Ärmel kühn hinein.

Ja, im Aug' des Gähnens Tränen,
Hüllt er sich in den samt*e*nen –
Wie ein Sultan steht er da;
Wirft sich auf den Divan rüstig,
Räuspert sich und schlürft woll *ü*stig
Den gefeierten Mokk *a*.

Plötzlich lärmt es auf den Stiegen –
Polternd grüßt ihn der lust *i*gen
Busenfreunde wildes Heer:
Eichmann, Stolz der Handelsräte,
Schau'nburg, der Verheirat *e*te,
Und der sparende Schell *e*r.

»Hurra!« rufen die Fidelen,
Drücken stürmisch des Edelen
Seidelkund'ge Biederfaust;
Bitten ihn mit Wort und Blicken,
Gleich mit ihnen zu frühst *ü*cken,
Wo das Bier vom Zapfen braust.

---

5 Geburtstagsgedicht für Heinr. Köster.

Er drauf: »Freunde mir auf ewig!
Sei es! führt mich zum Lud *ewig*!
Sei es! feiern wir den Tag,
Wo, gehüllt in Leingewänder,
Ein dieselben bekack *en*der
Kustos in der Wiege lag:

»Als ein Knäbchen feist und wählig,
Als ein Kindelein löb *e*lich,
Als ein kaum geborner Sohn!
Ach, wie fliehen die behenden
Jahre einem froh Trink *en*den –
Dreiundvierzig werd' ich schon!

»In den Ludwig denn! Kommt alle!
(Recht auch ist mir die Bockh *a*lle[6] –
Philipps Meth verschmäht' ich nie!)
Später dann, um klug zu rasten,
In den trefflichen Malk *a*sten!
Ganz zuletzt in den Ant *i*![7]

»Kommt denn, ihr allstündlich Nassen!
Doch, wo habt ihr den Ins *a*ssen
Köllens, meinen Ferdinand!
Ihn, der weiland bei Kanale
Sang und Trekschuit: »die Wagsch *a*le
Schwebt in des Weltr *i*chters Hand« –?

»Ausgeblieben? Ha, Verwöhnter!
Sah mich nicht noch dein siebz *e*hnter
Juni vorig Jahr in Köln?
Bracht' ich dir nicht gar ein Bildchen
Von Biskuit? – Schmach dem gleichg *ü*ltigen,
Dem vergeßlichen Gesell'n!

---

[6] Philipp Memmingers Restauration.

[7] Der Antimusikverein, eine Gesellschaft, zu welcher keine Harfenmädchen usw. zugelassen wurden; dafür wurden Beiträge gegeben, wofür im Winter Brot- und Kohlenkarten an die Armen verteilt wurden.

»Kommt!« – So nun zum Festbier eilt er!
O, wie falsch doch beurt *ei*lt er
Jenen Edlen und wie hart!
Ihn, den Hehren und den Heros,
Der, (nun merke, Rhinozs *e*ros!)
Eben abdampft von Bopp *a*rd!

Der das erste Lied der Lerchen
Durch das offne Schiebfenst *e*rchen
Der Kajüte fromm geneußt;
Und sodann, gerührt wie keiner,
Sich ein Römerglas Nierst *ei*ner
Hinter die Krawatte geußt!

Kann er mehr tun an dem Tage
Dreiundvierzigster Aufl *a*ge
Jenes Werks: »der Kinderfreund?«[8] Ist ein Römer Wein
geringer,
Als ein Seidel bei Memm *i*nger?
Ist, wer Römer leert, ein Feind?

Kann, wer oben auf dem Rheine
Bess're kostet als Tischw *ei*ne,
Kann er zu derselben Zeit
Schlürfen auch der Düssel Güter –?
Edler Haas,[9] sei du Arb *i*ter!
Schlichte billig du den Streit!

Bis ihn dein Verstand, der scharfe,
Ausgleicht, feire die Goldh *a*rfe!
Drum einstweilen jetzt Bast *a*!
Rast', o raste, weiche Flöte!
Rast', o Zithar auch! *Et cete-*
Ra! – jawohl: Et cetera!«

---

[8] Köster hieß, als beliebter Lehrer, bei seinen Bekannten »der Kinderfreund.«

[9] Der Maler Peter Hasenclever, gest. 16. Dez. 1853

Zur Vermählung des Herrn Dr. Schauenburg mit Fräulein Mathilde v. Westhoven

1. Januar 1850.

Mann der Liebe, Mann der Ferien,
Wohl erhebt es, wenn mit Zährigen
Sich das Weib dem Mann verschreibt;
Freudenvoller Unterrichtiger,
Wohl ist jener Tag ein wichtiger,
Da ein Edler sich beweibt!

Dies am zweiten Januarien
Wirst du selber nun erfahrigen –
Fortan bis zur Südersee
Rheines glücklichster Anwohniger,
Nimmer mehr ein Robinsonier,
Ein verlaßner Krausoe!

Gern, ein Froher zu den Fröhlichen,
Stürmt' ich jetzo nach Düsselien
Bis vor deinen Torus hin:
Doch beim Herrn sei es beschworigen,
Daß zu Jung dem Assessorien
Morgen ich geladen bin!

Ja, bei Jung mit Benedeyen
Friedsam werd' ich benedeien
Deutschen Reiches Macht und Pracht;
Bei dem Kämmerer, dem linkigen,
Hehre Weine werd' ich trinkigen
Hehren Muts bis Mitternacht.

Du indes – halt, Biederbusige!
Schweig', o schweige, meine Musige!
Singe nicht zu vorlaut drein!
Nur dies eine leis verkundige:
»Er auch um die zwölfte Stundige,
Er auch wird ein Kämmrer sein!«

Drum, so zürne nicht, o Kämmrer,
Tret' ich morgen, ein Verdämmrer,
Nicht vor deine Kammertür:
Wag' ich nur mit diesen wenigen
Edlen Strophen aus Cöllenien,
Dem verschneiten, mich herfür!

O, wie gerne bei Walbröhlien
Säng' ich sie mit eigner Kehlien,
Säng' ich sie gerührt und schlau!
Säng' ich sie samt meinen dreien
Kindlein mit unschuld'gem Schreien,
Säng' ich sie samt meiner Frau!

Doch – du weißt, ich bin bei Jungien!
Mögen sie darum gesungigen
Durch den hehren Kustos sein!
Meine Wünsche, mein Entschuldigen,
Nimm sie auf, o Freund, in Huldigen,
Du und Sie, die jetzo dein!

Zur frohen Feier des 31. Juli 1853

Hamm und Düsseldorf.

Melodie: Am Rhein, am Rhein.

»Dies ist der Tag!« Nun jubelt Freund und Sippe!
　　Heran, heran im Lauf!
Und pflanzt am Rhein, und pflanzet an der Lippe
　　Der Freude Banner auf!

Ja, pflanzt es auf, und laßt es weh'n vom Söller!
　　Und du, Associé,
Laß donnern, Bölling, als des Festes Böller,
　　Den Kork von Epernay!

Denn fröhlich heut zum Traualtare wallt er
　　Nach langem Zölibat:
Er, unser Stolz, er, unser wohlbestallter
　　Freund und Kommerzienrat![10]

Er sprach bewegt: »Was mag dahinter stecken?
　　Seit kurzem jede Nacht
Hat es in meinen Mahagoniblöcken
　　Geheimnisvoll gekracht!

»Wie deut' ich's nur? Woll'n sich die Bretter fügen
　　Zum Sarge mir? – O nein!
Zum Brautbett, denk' ich, und zur Kinderwiegen –
　　Das wird die Meinung sein!

»Es ist damit, wie mit dem Tischbewegen!
　　Der Brust verlangend Glühn
Läßt ahnend selbst das harte Holz sich regen
　　In meinem Magazin!

---

[10] Theodor Eichmann in Düsseldorf, Inhaber einer Holzhandlung

»So sei es denn!« – Er schleudert ohn' Erbarmen
    Den alten Leidvertreib,
Die Zither, fort, und hält in festen Armen
    Was Bess'res nun – sein Weib!

Sein Weib, sein Weib, sein gutes Weib Marie,
    Die fortan, fromm und still,
Des Lebens Drang, des Lebens Last und Mühe
    Ihm tragen helfen will!

Die auf dem Herde, den er geht zu gründen
    (Just noch zu rechter Zeit!)
Die heil'ge Flamme liebend will entzünden,
    Den Stern in Freud' und Leid.

Die für und für, daß er im Sturm nicht wanke,
    Um ihren Eichenmann
Sich schlingen will als treue Efeuranke –
    Et cetera! Stoßt an!

Stoßt an, stoßt an! Sie sollen beide leben!
    Hurra, und möge bald
Mit lust'gem Rauschen stattlich sie umgeben
    Ein junger Eichenwald!

In dessen Grün wir einst in grauen Haaren,
    Wie heut, beisammen stehn,
Wenn sie nach kurzen fünfundzwanzig Jahren
    Die Silberne begehn!

Dann heißt es wieder: »Festpanier vom Söller!
    Und du Associé,
Laß donnern, Bölling, als probaten Böller
    Den Kork von Epernay!«

Dann heißt es wieder: »Laßt die Gläser klingen!
    Hoch uns're lieben zwei!«
Und der dies Lied aufschrieb, daß wir es singen,
    Ist, hofft er, auch dabei!

Ein diesmal *nicht* Eingeladener.

Auff Herrn

Heinrich Kösters

und Jungfrau

Käthen Bloems

ihre Hochzeit.

Düsseldorff 22. May 1855.

Düsseldorff 22. May 1855.

Im Thon: Willstu nicht der Bloemlein warten?

Damon, jener vielgenannte
Pfeifer auff dem Haberrohr,
Damon, den sein Land verbannte,
Ginge jüngstens für das Thor,
Im Exile sich des Mayen
Und der Thonkunst zu erfreuen.

Auff dem neubegrünten Raine
Schritt er auff und ab und sann;
Sasze dann auff einem Steine
Nieder, der beliebte Mann;
Zog herfür auch die Vertraute
Seiner Einsamkeit, die Flaute.

Bald zu blasen er begunte
(Feld und Wiese waren Ohr!)

Alle Stücklein, so er kunte,
Künstlich auf dem Haberrohr.
Doch zumeist, bald hoch bald tiefe,
Blus er dieses: » *Heinrich* schliefe!«

Drauff erhub er seine Stimme,
Süsz und ohne Räuspern gar,
Dasz die Landschaft ümm und ümme
Wirklich fast voll Staunens war,
Und der Themsegott mit Schallen
Schier den Fluthkrug liesze fallen.

Itzo,« sang er, »wo vom Küssen
Föbi Kraut und Blume scheust;
Wo der Rhein mit breiten Güssen
Maytranck durch die Lande geust;
Wo die Fische ziehn in Schaaren
Und die Vögel neu sich paaren:

Itzo will sich auch vermählen
(Lange feind dem Ehestand!)
Heinz, der Bruder meiner Seelen,
Kustos von der Welt genannt!
Hand in Hand mit seiner *Käthen*
für den Altar will er treten!

Heil der Frommen, Heil der Guten,
Die nach langem Saus und Braus
Bindet diesen Leichtgemuthen!
Die zuerst ein eigen Haus
Mit des Weibes treuem Walten
Bau'n ihm hilfft und auch erhalten!

Mög' es ihnen wohl gerathen!
Feste sey es auffgericht't!
Mögen sie mich bald als Pathen
Brauchen: – wenn beim Ersten nicht,
Dann, ich will auch artlich bitten,
Doch beim Zweiten oder Dritten!

Eia, wer itzt zu Euch träte!
Eia, wer anitzo frisch:
Heil dir, *Heinz*! und: Heil dir, *Käthe*!
Rufen könnte übern Tisch!
Wer sich sanfte liesze träncken
Anthon, den berümbten Schencken!

Doch fernab mit bleicherm Haare,
Geht der Mann des Saytenspiels,
Der nun wieder schon vier Jahre
Würgt das Beefsteak des Exils;
Dessen Maytranck (armer Schlucker!)
Essig, krause Müntze, Zucker!

Nemlich jene herbe Brühe,
Die der Britten roher Stamm
Allemal im Jahre frühe
Auszgeust auff gebratnes Lamm.
Zwar als Brühe leidlich schmäckt sie,
Doch als Maytranck halb nur kleckt sie.

Ach, ihr ahnt es nicht, ihr Lieben,
Was es heiszt, verschlagen sein!
Maytranck, Freunde – Nichts geblieben!
Still doch: Alles noch ist mein!
Weib und Kind auff fremder Schwelle
Meine deutsche Feuerstelle!

Diese sind's, die mir beschwicht'gen
Mein offt ungeduld'ges Hertz,
Dasz selbst ausz der Gruft des flücht'gen
Wie ein Strahl noch blitzt der Schertz,
Dasz ich, Kind noch und Poete,
Jubeln kann: Heil, *Heinz und Käthe*!«

Also sang der Tugendreiche
Durch den auszgestreckten Heyn!
Schnitte noch in eine Eiche
Die *verehrten Nahmen* ein;

Drüber zwo verschlungne Hände,
Drunter: Prosit ohne Ende!

Denn so, wiederümm mit Blasen,
Ging er heime, ernst doch froh;
Schritte zu, auf feuchtem Rasen,
Seinem Ruhsitz *Monpopo*;
Hoffende, wie dasz sein Lallen
Ihnen möge dasz gefallen!

Londen, in Verlegung des Authoris

Trinkspruch

Zur Kindtaufe in Neckarsulm am 28. Februar 1869.[11]

Die Becher gefüllt! Er lebe!
Dem Helden des Tages ein Hoch!
Ein Hoch in dem Safte der Rebe,
Die sein Vater, der kundige, zog!
Dem Kleinen, dem Guten, dem Frommen,
Der gelassen sein Schläfchen jetzt hält,
Ein Hoch und ein fröhlich Willkommen
In der schönen, der fröhlichen Welt!

In der Welt, die von Wonnen und Tonnen,
Von Lauben und Trauben so voll;
In der Welt, drin er lustig sich sonnen
Und lustig heranwachsen soll!
In der Welt, auf dem ird'schen Theater,
Das er mutig beschreite fortan;
Das er schmücke, wie vor ihm sein Vater,
Als ein tapf'rer, ein »trinkbarer« Mann!

Nicht *ratlos* beginnt er die Reise,
Der Knabe von wackerer Art;
Drei Räte, drei würdige Greise,
Sie wünschen ihm Glück auf die Fahrt;
Ein Baurat (wie *der* gibt es wen'ge!),
Ein Hofrat, ein Freiligrath, –
Sie sind, schier wie heil'ge drei Kön'ge,
Der Wiege des Kindleins genaht.

Und freu'n sich, und sehen es liegen,
Und segnen's mit Wort und mit Blick,
Und sagen den Schwestern: Hübsch wiegen!
Und wünschen der Mutter Glück.
Und reden mit feurigen Zungen,

---

11 Täufling: Hermann Ganzhorn.

(Der Vater heizt' ihnen ein!)
Und lassen leben den Jungen
In des Alten Kometenwein!

Ja, die Becher gefüllt! Er lebe!
Dem Helden des Tages ein Hoch!
Ein Hoch in dem Safte der Rebe,
Die sein Vater, der gastliche, zog!
Hoch, hoch, – es rufen's die Räte!
Hoch, hoch, – es läutet's mein Reim!
Und *unter* dem Haus der Komete,
Der flammende, leuchtet uns heim!

An sein Patchen Hermann Ganzhorn

Zum 28. Februar 1870 mit der Gabe eines Bestecks.

Nun hat's ein Ende mit dem Lutschen
Und mit dem Saugen, kleiner Mann!
Den tapfern Hals hinunterrutschen
Muß Wurst und Sauerkraut fortan!

Solide Kost, wie man in Schwaben,
Zu einem Schoppen Neckarwein,
Sie auf den Tisch setzt wackern Knaben,
Auf daß sie wachsen und gedeih'n!

Zu Tische denn! Hier hast du Gabel,
Hast Messer, Löffel, junges Blut!
Proficiat! Sperr' auf den Schnabel,
Und iß dich stark, und groß, und gut!

Trinkspruch

Zur Kindtaufe in Neckarsulm am 28. Oktober 1871.[12]

Also wieder einen Jungen?!
Teurer Freund, halt' ein, halt' ein!
Und der will nun auch besungen,
Will nun auch bewundert sein!
Und fernher, in ernster Reihe,
Mit dem Gürtel, mit dem Stab,
Müssen die bekannten dreie
Wieder setzen sich in Trab!

Und, zu leuchten den drei Räten,
Facht der fromm und frohe Mann,
Facht der Vater den Kometen
Unterm Hause wieder an.
Läßt ihn flammen durch die Kühle
Seines Kellers, hocherfreut;
Schafft und rüstet im Gefühle
Seiner Tauf- und Trinkbarkeit!

Nun Glückauf denn, jüngster Bube!
Wachse, wie dein Brüderlein,
Das wir jüngst in dieser Stube
Tauften bei Kometenschein!
Wachs' und blühe, lieber Kleiner!
Doch – dies ist der Räte Rat:
Nur ein Bruder noch, nur einer
Darf dir folgen – in der Tat!

Denn das gar so viele Taufen
Greift uns Räte mächtig an;
Immer Taufen, immer Laufen,
Daß man kaum verschnaufen kann!
Zwar Freund Ganzhorn ist ein Renner,

---

[12] Täufling: Wilhelm Ganzhorn.

Und sein Storch hat Flügel gar!
Aber wir sind alte Männer:
Caspar, Melchior, Balthasar!

Können wir, mit Harf' und Psalter,
Hinter seinem Storchen drein,
Noch in unserm hohen Alter
Immer auf der Reise sein?
Weite Tauffahrt, Trinken, Lachen,
Saus und Braus und hehrer Schmaus,
Und das schwierige Versemachen –
Wer hält alles nur noch aus?!

Nein, Freund! Sag' jetzt deinem biedern
Hausstorch, daß er, frommbeschwingt,
Unsern Wünschen, unsern Liedern
Nur noch einen Ganzhorn bringt!
Einen, der da schließ' und kröne
Deiner Buben schmucke Reih',
Daß die Zahl der Ganzhornssöhne
Gleich der Zahl der Räte sei!

Zu *der* Taufe froh noch traben
Wollen wir mit Spruch und Reim!
Aber – kommen dann *noch* Knaben,
Freund, da bleiben wir daheim!
Nun, du weißt ja, wie wir's meinen!
Voll die Gläser! voll und aus!
Hoch Frau Ganzhorn samt dem Kleinen!
Hoch das ganze Ganzhornhaus!

Der Wüstenkönig

Auf eine Karikatur des Löwenritts, den Dichter als Löwen darstellend.

Mel.: Der ich von des Daipheus Leben.

Augen rollend, wellenmähnig
Der bekannte Wüstenkönig,
Oft auch Mohrenfürst genannt,
War an zwanzig Jahr verbannt.

Dieses bringt ihm keine Schande:
Manchen König man verbannte;
Manchen Fürsten gibt es itzt,
Welcher nicht zu Hause sitzt.

Das ist einmal nicht zu ändern!
Also bei den Engelländern
Saß der Fürst vom Quell des Nils,
Aß das Beefsteak des Exils.

Ale und Porter sind dort flüssig,
Dennoch kriegt' er's überdrüssig,
Schüttelte sein kraus Genick,
Brüllte: jetzt geh' ich zurück.

Niemals rückwärts, wohlverstanden!
Nur zurück zu meinen Landen! –
Und so ist er denn jetzt da,
Aber nicht in Afrika!

Denn, o seht den alten Knaben,
Unterwegs kam er nach Schwaben,
Kam nach Stuttgart in die Stadt,
Wo es gleichfalls Löwen hat.

Nämlich jenen, der bei Werner
Hinterm Gitter liegt, – und ferner

Jenen auch, der als Poet
In den Blumenlesen steht.

Feodor ist er geheißen!
Warum also weiter reisen?
Bin ich, spricht der Wüste Sohn,
Ja doch hier zu Hause schon!

Bin schon hier bei meiner Sippe!
Überdies von jeder Lippe
Auf und ab den Neckar grüßt
Mich das traute Wörtlein: *wüst!*

Holdes Wörtlein! Klang der Klänge!
Wandelst diese Rebenhänge,
Dieses Weintal frank und frei
Mir zur schönsten Wüstenei.

Drum, wollt ihr mich anders haben,
Bleib' ich bei euch jetzt, ihr Schwaben!
Sagt nur immer: gut gebrüllt! –
War das nicht ein schönes Bild?

Zur fünfundzwanzigjährigen Jubelfeier des wohlgelungenen Sturmes auf die wunderschöne Festung *Meyberg* durch den berühmten Kriegshelden *Laudon*, Kaiserlichen Generalissimum.

13

26. Oktober 1871

Mel.: Prinz Eugen, der edle Ritter.

Genreal Laudon, der Verweg'ne,
Sprach: »Und ob es Feuer regne,
Heut noch wird die Festung mein!
Gar zu herrlich tut sie prangen,
Festung Meyberg, mein Verlangen,
Festung Meyberg schön und fein!

Steht nicht schon mein Freund und Kayser,
Um die Stirn des Sieges Reiser,
Auf der Schwester-Festung Wall?
Drum, wie er sich nahm die Seine,
Nehm' ich, Laudon, mir die Meine,
Als General und Feldmarschall!«

Sprach's, und blickte formidabel,
Hob Kommandostab und Sabel,
Zog die Feldherrnstirne kraus;
Rief die Trommler, rief die Pfeifer, –
Dreimal, als er sprach, vor Eifer
Ging ihm die Zigarre aus.

Drauf den Sturm hat er begonnen,
Hat gewagt und hat gewonnen,
Festung Meyberg ließ ihn ein:
»Wer mag Laudon widerstreben?

---

13 Zur silbernen Hochzeit von Herrn Ludwig Elbers und Frau in Barmen. General »Laudon« ist der Spitzname des Freundes; Meyberg der Mädchenname seiner Gattin.

Tore auf! fortan fürs Leben,
Tapfrer Laudon, bin ich dein!«

Und so geschah's! Zu allen Stunden,
In Lieb' und Treue fest verbunden,
Trieben es seitdem die zwei;
Nahmen auch in Pfleg' und Atzung
Eine fröhliche Besatzung:
Junger Mannschaft bunte Reih'!

Mädchen hold und Knaben tüchtig: –
Blüh'nde Weiser, wie so flüchtig
Fährt mit uns dahin die Zeit;
Wie Jahr um Jahr verrollt im Fluge,
Wie in stillem, stetigem Zuge
Lustrum sich an Lustrum reiht.

Schon fünf Lustren sind es heute,
Seit Laudon seines Siegs sich freute,
Seit er Meyberg sich verband.
Drum, ihr Jubiläumsgäste:
Dreimal hoch die Jubelfeste!
Hoch der Jubelkommandant!

Mögen wir sie lang noch sehen,
Stattlich wie sie heute stehen
In der Silberfeier Glanz!
Bis auf ihre Häupter nieder,
Nach fünf mal fünf Jahren wieder,
Leise sinkt der goldne Kranz!

Dies sang ein alter Poetaster,
Der des Reimeschmiedens Laster
Immer noch nicht abgetan.
Hört sein Grüßen aus der Ferne:
Ewig alle guten Sterne
Über euch und eurer Bahn!

An Laudon.

Zum 12. Dezember 1867 von einem seiner Veteranen für alle.

Ob heut ein lustiger Frühtusch,
Ein Schmettern hell und voll,
Vom Haspel bis zum Krübusch
Durchs Wuppertal erscholl;
Ob hier im festlichen Saale
Reveille – Morgengruß
Laudon, dem Generale,
Die alte Garde blus?

Ich habe nicht vernommen,
Was etwa man getan!
Ich konnte so früh nicht kommen,
Ich alter Veteran!
Doch schwang ich mich zu Rosse
Nach Mittag also gleich
Und bin nun hier im Schlosse,
Hurra! zum Zapfenstreich!

Und grüße mit dem Sabel,
Und steh' und bin gerührt,
Und öffne den biedern Schnabel
(Den ach! kein Schnurrbart ziert!)
Und glätte die Stirn, die hohe,
Und rufe, fromm entzückt:
Dies ist der Tag, der frohe,
Den Laudon eingerückt!

Ein in den Kampf des Lebens,
Den ernsten heißen Kampf!
Heil Laudon! nicht vergebens
Rangst du im Pulverdampf!
Du hast die Schlacht gewonnen, –
Sieh' überm Hauptquartier
Im Glanz der Abendsonnen
Wallt still dein Siegspanier!

Du hast es hoch gehalten,
Nun rauscht es Glück und Ruh',
Nun rauschen seine Falten
Dir stolze Kühlung zu!
Nun deckt es, lind sich schmiegend,
Dir Weib und Kinder weich;
Nun schirmt es, kühn sich wiegend,
Dein häuslich Friedensreich!

Und drum herum die Freunde,
Ein starker Männerzaun,
(Manch einen aus dem Feinde
Hast du heraus gehau'n!
Du warst zu allen Stunden
Ein guter Kamerad!)
Sie stehn dir fest verbunden,
Sie segnen deinen Pfad!

Ich bin der vielen einer,
Der Älteste wohl gar,
Doch treuer ist dir keiner, –
Drum sprech' *ich* für die Schar!
Zwar Redeblumen flechten
Konnt' ich zu keiner Frist:
Du fühlst's am Druck der Rechten,
O, Freund, was du uns bist. –

Genug! auf denn, ihr Treuen;
Singt ihm sein altes Stück!
Ich weiß, es wird ihn freuen,
Er liebt ja die Musik!
Auf, Wirbel und Fanfare!
Auf, Böller fern und nah!
Wie heut noch fünfzig Jahre:
Laudon ist da, ist da! –

An Fräulein Ella A.

Daß Fräulein Ella tadellos –
Bloß tadellos? nein, ganz famos –
Weiß einen Maitrank zu bereiten;
Daß sie ihn ansetzt mit Verstand
(Und mit Gefühl auch): – anerkannt
Sei das hiermit für alle Zeiten.

Ingleichen, zur Ermunterung
Für ein Talent, das noch so jung,
(Die Welt und Stuttgart werden's kennen!)
Woll'n Wir, umduftet vom Arom
Der Bowle noch, durch dies Diplom
Zur *Bowlenrätin* sie ernennen.

Dankbaren Sinns verleihen Wir
Auch Unsern *Bowlenorden* Ihr,
Als Ehrenschmuck für Ihr Gewande.
Sie trag' ihn lange, trag' ihn gern:
Den zierlichen Waldmeisterstern
(Mit Laub und am Orangenbande)!

So wandle Sie nun, Ritterin
Und Rätin, froh durchs Leben hin,
Allzeit den Frühling in der Seele!
Und setze Bowl' auf Bowle an,
Und letze, wie sie heut getan,
Noch manche durst'ge alte Seele!

Stuttgart, den 18. Mai 1871. Die Rheinische Maitrank-Kommission in
partibus A. A. Löwenritter, Bowlenrat a. D.

An Hackländer

Mitte Sommer 1871. Fremdenbuch, Heidehaus, Stuttgart.

Der älteste Freund von allen wohl,
Die sich rastend hier gesetzt,
Der am schönen Rhein dich kannte,
Eh' ein Blatt, eh' ein Buch dich nannte,
Eintret' ich hier zuletzt.

Und denk' an die ferne, ferne Zeit,
An die Tage frisch und keck,
Als wir sangen und Shakespeare lasen
Und Bowle brauten, – der Basen
Und ruhigen Bürger Schreck.

Wohl trennten unsere Wege sich
Seitdem manch liebes Jahr;
Doch heut ins Haus zur Heiden
Folg' ich dir gern – *bescheiden*
Als Supernumerar!

An Georg Scherer zu seiner Vermählung mit Marie v. Seht.

Stuttgart, 19. Oktober 1871.

Es hat der Dichter und Antholog
Gepflückt gar manche Blume;
Gar manche, die er selber zog
Zur Lust sich und zum Ruhme;
Manch' andre auch, aus fremdem Beet
Sinnig erlesen, – er versteht
Sich auf das Blumenlesen.

Das sind die Blumen mannigfalt,
Die fromme Dichter hüten;
Das sind im deutschen Dichterwald
Die Knospen und die Blüten;
Die las er aus zu Kranz und Strauß,
Die trug er still ins deutsche Haus,
Zu aller Deutschen Freude.

Er selber doch blieb freudeleer,
Keine Ruh' war ihm beschieden;
Er irrte hin, er irrte her,
Und hatte keinen Frieden:
»O ihr Blumen rings der Dichterflur,
Hätt' ich sonst eine einz'ge Blume nur –
Die Blume treuer Liebe!«

Er ging ihr nach auf Alp und Au,
Suchte Blätter durch und Gräser,
(Er nimmt's ein wenig sehr genau, –
Er ist ein Blumenleser!)
Manch' wackre Blume lacht' ihn an,
Er aber seufzte: »Armer Mann!
Noch immer nicht die Rechte!«

Bis er endlich doch die Rechte sah,
Nach langen bangen Stunden:

»Nun bist du mein! Viktoria!
Nun hab' ich dich gefunden!
Nun halt' ich dich, Marienblum'!«
Sie sprach: »Nimm mich zum Eigentum!« –
Nun kann sein Herz gesunden.

Nun steht er da voll Stolz und Lust,
Ist alles Kummers ledig;
Nun trägt er sie an seiner Brust
Noch heute nach Venedig, –
Kehrt aber bald mit ihr zurück,
Und will, zu Seinem und Ihrem Glück,
Für immer sie behüten!

Kleine Zeitung.

Dem großen Rat der Leipziger Karneval-
Gesellschaft
Dankbare und erfreute Erwiderung.

15. Januar 1873.

Ein Brief aus Leipzig! Ei, wie groß
Und bauschig! Was nur birgt sein Schoß?
Was bringt er mir, bös oder gut?
Vielleicht gar ist's ein Doktorhut.

Ein Philosophenhut als Pfand,
Daß ich zu Weisheit und Verstand
Nach sechzigjähr'ger Narretei
Vor Torschluß noch gekommen sei.

Laßt sehn! Das Siegel auf! Klinkling!
Ja so, das ist ein ander Ding!
Am Pleißestrand der Musensitz
Spendiert mir eine Schellenmütz.

Schon trag' ich ehrbar die von Köln;
Dazu nun auch die Leipz'ger Schell'n!
Harmonisch läuten Ost und West
Auf meinem Haupt zum Narrenfest

Und schüttl' ich ernst des Hauptes Moos,
Da geht erst recht das Läuten los.
Sei's drum! Bin ich doch herzlich gern
Eu'r Ehrennarr, verehrte Herrn!

Und send' euch Gruß, und send' euch Dank,
Und wünsch' euch Lust und guten Schwank,

Und freud'ge Fehde allermeist
Mit allem, was da Rückschritt heißt!

Rückschritt und Krebsgang pereant!
Darauf, ihr Männer, Wort und Hand!
Die Zeit wird bös, der Krebs kriecht an –
Nun denn, ihr Pritschen, drauf und dran!

Drei Lieder an meine Enkel.

1.

An Hermann Wiens, den Jüngsten.
Zu seinem zweiten Geburtstage, 14. März 1872.

Heil und Segen, Gruß und Kuß
Unserm Hermann Minimus!
Sonnig und mit Lerchenschlag
Grüß' ihn oft noch dieser Tag!

Mög' er wachsen, mög' er blühn!
Mög' er werden stark und kühn,
Mög' er werden brav und gut,
Recht ein treues deutsches Blut!

Mög' er jeden Augenblick
Mehren seiner Eltern Glück!
Immer ein guter Bruder sein
Siegfried, seinem Brüderlein!

So gescheh's, Arminius!
Vivat drum, und Gruß und Kuß!
Nächsten Sommer, zweifle nit,
Bringen wir dir auch was mit!

Dies schreibt dir dein Apapa,
Dies auch deine Amama,
Dieses auch der Bengel-Bongel,
Dein bekannter Ongel-Ongel!

2.

An denselben

Zu seinem vierten Geburtstage, 14. März 1874.
(Mit einem Bildchen.)

Lieber *Hermann,*

Im Garten singt das Meislein,
Es hüpft auf Zweig und Reislein,
Und hier kommen die sieben Geislein
Mit Schwänzlein über den Steißlein.
Die tirilieren.
Und jubilieren.
Und randalieren,
Und gratulieren.
Und richten einen großen Lärm an,
Und rufen: Vivat Hermann!
Vivat Hermann immerdar,
Jetzt und viele, viele Jahr',
Immer frisch und wohlgemut.
Immer wacker, immer gut
In Gottes und seiner Eltern Hut!
Immer fleißig – mäh, mäh, mäh! –
Über seinem A B C,
Über Bild und über Schrift
Mit dem edeln Schieferstift!
Aber mutig auch und keck
Hoch zu Roß und hoch am Reck!
Ja, mutig! Einer, dem's nicht graut,
Wenn der Wolf durchs Fenster schaut!
Ein braver Knab', ein tücht'ger Mann,
Der Seinen Glück, – und so fortan!
Bis dereinst – Piep! sagt das Meislein;
Mäh, mäh! sagen die Geislein; –
Er dasitzt als ein eisgraues Greislein!

So eins, lieber Junge,
Wie dein dich liebender und
mit Meislein und Geislein
dir von Herzen glückwünschender
Großpapa.

3.

An Siegfried Wiens, den Karussell-
Enthusiasten.

**Zu seinem dritten Geburtstage, 26. Februar 1874,
vom Großpapa in Stuttgart.**

Glückauf, mein lieber Enkelsohn!
Nicht wahr, das trabt sich schnell?
Dein drittes frohes Jahrrund schon
Im Lebens-Karussell!

So recht! Und nun noch manches Rund
Nach drei'n, und dreimal drei'n!
Noch manches Rundum Rundum Rund,
Und wären's neunmal neun!

Nur immer stramm und fest im Sitz!
Nur immer brav und gut!
Nur immer tapfern Augenblitz,
Und frischen tapfern Mut!

Und Liebe, die du froh empfängst,
Und Liebe, die du gibst!
Gleichviel, wie lang und weit du sprengst,
Wenn du geliebt nur liebst!

So soll es sein! Jetzt und fortan!
Gott mit dir allezeit!
Glückauf, mein lust'ger Reitersmann!
Reit' zu, mein Junge, reit'!

Zur Feier der abermaligen Aufweichung des berühmten Afrikareisenden Gerhard Rohlfs

in der Neckarsulmer Aufweichungs-Anstalt für eingetrocknete Wüstenpilger.

Februar 1875

Bei Tunis und weiter südlich,
Querhin durch Afrika,
Da ist es ungemütlich,
Heiß brennt die Sonne da.
Das Land ist sandig und dürre,
Man nennt das Wüstenei;
Der Vogel Strauß, ganz kirre,
Legt häufig dort ein Ei.

Nun Weh' den tapfern Männern
Voll Geist und Mut und Kraft,
Die dort auf staubigen Rennern
Nachjagen der Wissenschaft!
Wohl dürstet sie's nach Wissen,
Doch andern Durstes auch
Sind duldend sie beflissen
Im brennenden Wüstenhauch.

Da fällt kein Tau, kein Regen,
Da wird der Mensch nicht naß;
Da spendet seinen Segen
Kein Brunnquell und kein Faß.
Da klingt nicht Römer noch Seidel,
Da fließt nicht Wein noch Bier,
Da füllt kein sorglich Maidel
Das leere Liter dir!

Da wächst nicht Käs' noch Rettich, –
O traurige Natur!
Da tönt es dumpf: » *O hält' ich*
Einen Schluck, einen einz'gen nur!«

Rings Dürsten, Dürsten, Dürsten!
Und ewig ungestillt!
Darob den Mohrenfürsten
Der Kamm vor Freuden schwillt.

Sie grinsen mit Teufelswonne; –
Die Reisenden derweil
Ziehn weiter in der Sonne,
Der Durst ihr einzig Teil.
Auf Dromedar und Pony,
Wie kann es anders sein?
Ereilt sie das Los Tithoni, –
Sie schnorren schimpflich ein.

Und ob man auch Straußenfedern
Auf ihren Hüten schaut, –
Sie verdorren, sie verledern,
Sie kehren nur heim als Haut.
Ja, Mumien schier geworden,
Landen sie bei Triest;
Du schallt eine Stimm' aus Norden:
»Ihr Männer, trinket fest!

»Was gilt's, mit Spritz' und Trichter
Aufweicht euch, unweit Ulm,
Der Oberamtsscharfrichter
Ganzhorn zu Neckarsulm!
Herbei denn, ihr Verkrümbten!
Herbei, und habt es gut
In seinem weltberümbten
Aufweichungsinstitut!

»Schon half es zum Erstaunen,
(Hei, Zapfen, Spund und Schlauch!)
Dem biedern und sehr braunen
Diamantenfinder Mauch;
Und auch dem Reichsgesandten
Beim Ammon, unserm Rohlfs,

Dem gänzlich gelb Gebrannten,
Zu frischem Rot verholf's!

»Auf denn, ihr Ehrenfesten!
Prüft, was ich leisten kann!
Schon stach ich, euch zum Besten,
Zwei neue Fässer an!
Schon kränzen eure Becher,
Und prügeln sich dabei,
Die jugendlichen Zecher:
Meine Söhne, meine zwei!

»In ihren ersten Höslein,
Trinkbar und prügelbar,
Aufblühn sie wie zwei Röslein,
Ein stattlich Brüderpaar!
Der Hermann und der Hämus,
Schenkbuben brav und lieb,
An Romulus mahnend und Remus –
(Heißt das, dem Reim zu lieb!)

»Somit euch nicht gezieret!
Bereit schon steht das Bad!
Auch hab' ich für euch mundieret
Von der Reblaus meinen Traktat!
Den wollen wir besprechen
In den Pausen eurer Kur!
O, dieser wüsten, frechen,
Verderblichen Kreatur!

»Weh, daß sie je entkrochen
Dem Ei!« – Wie er noch spricht,
Hört man bereits ein Pochen
Am Oberamtsscharfgericht.
Herein! Nun Händereichung
Und Schütteln: – »Ja, mir holf's!
Zur zweiten Auferweichung
Stell' ich mich ein, dein Rohlfs!«

»Was, Rohlfs? Hei, Muskateller!
Nicht wahr, die Wüste brennt?
Sofort ein Bad! Zum Keller,
Doktor und Patient!«
In den geheimnisreichen
Mit Jodeln ziehn sie ein
Zu seinen mystischen Bräuchen – –
Da lassen wir sie allein!

An Richard Wehn

Fröhlicher Dank einem fröhlichen Geber

12. April 1875

Sonst glaubt' ich, Hameln produziere
Nur zwei »Artikel«: Nagetiere
Und Kinder! So bedünkt' es mich!
Denn an die Ratten und die Rangen
Dacht' ich, die dazumal gefangen
Bundting, der Strolch und Hexerich.

Heut aber kommt mir bess'res Wissen!
Auch edeln Fisch wird nennen müssen,
Wer Hameln preist: Lachs oder Salm!
Denn siehe da, in Holz und Halmen
Schickt heut mir Hameln einen Salmen, –
'Nen Riesensalm, – 'nen Salm-Salm-Salm!

O stille heimatliche Weser,
Heut' lern' ich erst, daß deine Gräser
Auf Salmenfänge niedersehn;
Daß Kerls wie dieser hier, vom Meere
Aufsteigend bis vor Hamelns Wehre,
In Hamelns biedre Netze gehn.

Wer aber schickt mir von der Reise
Aus Hameln solche Herrenspeise
Auf meinen bürgerlichen Tisch?
Ein Freund, ein wackrer, wie ich meine:
Den toten Dichtern weiht er Steine,
Doch den lebend'gen Brot und Fisch!

Westfälisch Roggenbrot, – auch einen
Rauchschinken wohl aus Herthas Hainen,
Und sonst noch guter Dinge viel!
Handschriften, Bücher, – o, der Schlaue!

Er hat 'ne Tasche, wie der Graue,
Der Schattenkäufer im Schlemihl!

Sein Edelmut kennt keine Schranken,
Man kommt bei ihm nicht aus dem Danken,
Ihr fragt erstaunt: Wen meist du? Wen?
Wen? Nenn', o nenn' uns diese Perle
Von einem Freund und treuen Kerle!
Wen? – Hört ihr nicht das Echo? – *Wehn'*

Über tredition

Eigenes Buch veröffentlichen

tredition wurde 2006 in Hamburg gegründet und hat seither mehrere tausend Buchtitel veröffentlicht. Autoren veröffentlichen in wenigen leichten Schritten gedruckte Bücher, e-Books und audio-Books. tredition hat das Ziel, die beste und fairste Veröffentlichungsmöglichkeit für Autoren zu bieten.

tredition wurde mit der Erkenntnis gegründet, dass nur etwa jedes 200. bei Verlagen eingereichte Manuskript veröffentlicht wird. Dabei hat jedes Buch seinen Markt, also seine Leser. tredition sorgt dafür, dass für jedes Buch die Leserschaft auch erreicht wird.

Im einzigartigen Literatur-Netzwerk von tredition bieten zahlreiche Literatur-Partner (das sind Lektoren, Übersetzer, Hörbuchsprecher und Illustratoren) ihre Dienstleistung an, um Manuskripte zu verbessern oder die Vielfalt zu erhöhen. Autoren vereinbaren direkt mit den Literatur-Partnern die Konditionen ihrer Zusammenarbeit und partizipieren gemeinsam am Erfolg des Buches.

Das gesamte Verlagsprogramm von tredition ist bei allen stationären Buchhandlungen und Online-Buchhändlern wie z. B. Amazon erhältlich. e-Books stehen bei den führenden Online-Portalen (z. B. iBookstore von Apple oder Kindle von Amazon) zum Verkauf.

Einfach leicht ein Buch veröffentlichen: **www.tredition.de**

Eigene Buchreihe oder eigenen Verlag gründen

Seit 2009 bietet tredition sein Verlagskonzept auch als sogenanntes "White-Label" an. Das bedeutet, dass andere Unternehmen, Institutionen und Personen risikofrei und unkompliziert selbst zum Herausgeber von Büchern und Buchreihen unter eigener Marke werden können. tredition übernimmt dabei das komplette Herstellungs- und Distributionsrisiko.

Zahlreiche Zeitschriften-, Zeitungs- und Buchverlage, Universitäten, Forschungseinrichtungen u.v.m. nutzen diese Dienstleistung von tredition, um unter eigener Marke ohne Risiko Bücher zu verlegen.

Alle Informationen im Internet: **www.tredition.de/fuer-verlage**

tredition wurde mit mehreren Innovationspreisen ausgezeichnet, u. a. mit dem Webfuture Award und dem Innovationspreis der Buch Digitale.

tredition ist Mitglied im Börsenverein des Deutschen Buchhandels.

Dieses Werk elektronisch lesen

Dieses Werk ist Teil der Gutenberg-DE Edition DVD. Diese enthält das komplette Archiv des Projekt Gutenberg-DE. Die DVD ist im Internet erhältlich auf **http://gutenbergshop.abc.de**